高等职业教育质量工程系列教材

网络货运实务

主　编　吴　颖　郭　铖
副主编　谢宗梅　任　志　颜浩龙
　　　　方樱花
参　编　邓霄敏　何懿哲　欧阳娟
主　审　师　琦

U0360187

南京大学出版社

图书在版编目(CIP)数据

网络货运实务 / 吴颖,郭钺主编. -- 南京 :南京
大学出版社,2024.8. -- ISBN 978 - 7 - 305 - 28369 - 7

Ⅰ. U16 - 39

中国国家版本馆 CIP 数据核字第 20241DS750 号

出版发行 南京大学出版社
社　　址 南京市汉口路 22 号　　　　邮　　编　210093
书　　名 **网络货运实务**
　　　　　WANGLUO HUOYUN SHIWU
主　　编 吴　颖　郭　钺
责任编辑 裴维维　　　　　　　　编辑热线　025 - 83592123
照　　排 南京开卷文化传媒有限公司
印　　刷 常州市武进第三印刷有限公司
开　　本 787 mm×1092 mm　1/16　印张 13　字数 290 千
版　　次 2024 年 8 月第 1 版
印　　次 2024 年 8 月第 1 次印刷
ISBN 978 - 7 - 305 - 28369 - 7
定　　价 42.00 元

网　　址:http://www.njupco.com
官方微博:http://weibo.com/njupco
微信服务号:njuyuexue
销售咨询热线:(025)83594756

前　言

　　为认真贯彻落实党中央、国务院的部署要求,促进网络货运经营规范有序发展,交通运输部、国家税务总局在总结无车承运试点经验、深入调查研究的基础上,2019 年 9 月 6 日交通运输部、国家税务总局发布了《网络平台道路货物运输经营管理暂行办法》对网络货运经营者的法律定位、行为规范及管理部门的监管责任等提出了明确要求,为新业态规范健康发展创造良好的制度环境。2022 年 9 月 28 日,人力资源和社会保障部发布《中华人民共和国职业分类大典》(2022 年版),网络货运员(职业编号:4-02-02-04-003)成为新职业工种。2023 年,《网络货运产业人才岗位能力要求》标准由工业和信息化部人才交流中心正式发布。网络货运已成为物流和交通运输行业的重要发展方向。

　　本教材按照网络货运企业组织运营来安排教学内容,共分为八个项目:网络货运企业经营许可申报、网络货运企业内部组织管理、网络货运企业运力管理、网络货运平台客户关系管理、网络货运企业业务运营、网络货运企业支付及报表管理、网络货运企业的成本与税筹、网络货运企业质量监测。每个项目包含多项任务,结合网络货运平台真实运营案例、知识链接、数字化资源,帮助读者能够更加深入地掌握网络货运企业运营的知识和技能。

　　本教材由湖南交通职业技术学院、长沙争渡网络科技有限公司和湖南工业职业技术学院等具有丰富教学和实践经验的教师和企业专家共同编写完成。吴颖、郭铖担任主编,谢宗梅、任志、颜浩龙、方樱花担任副主编,师琦担任主审,全书由吴颖负责总纂、修改、定稿。教材所有的情境项目、案例均为网络货运企业的真实运营项目。编者试图通过国家政策、典型案例、行业报告等形式,培养读者服务网络货运行业的初心和遵纪守法合规经营的责任心。

本教材编写团队联合长沙争渡网络科技有限公司开发了一套网络货运平台模拟实训系统,读者能通过该系统进行实践模拟操作。本教材还开设了对应的在线开放课程,定期更新最新的网络货运政策与知识,读者可随时了解网络货运发展的最新动态。

本教材是首本针对"网络货运行业"的职业教育教材,可作为网络货运经营者培训用书,是湖南省职业院校教育教学改革研究项目"基于课程模块化的交通运输物流专业群教学标准研究"(项目编号:ZJBZ2021043)和湖南交通职业技术学院 2022 年院级教材建设项目的研究成果。由于编者水平有限,时间仓促,书中不足之处在所难免,敬请同行和读者不吝赐教,使本书更加完善。

吴　颖

2024 年 5 月

目 录

网络货运企业经营许可申报

2020 年我国货运量总计 463 亿吨,其中通过道路运输完成货运量 343 亿吨,占比 75%,占比逐年稳步提升。小白是一名创业者,他认为我国的道路货运市场潜力巨大,购置了一批车辆,并成立了一家道路货运企业。经过一段时间的经营之后,小白发现道路货运和他之前的想象有很大的区别。首先,道路货运市场以个体经营户为主。我国 1 400 多万辆货运车辆,600 多万家从事道路货运的企业,有近 92.8% 的道路货运企业平均车辆数少于 5 辆;从事道路运输的经营主体有 95% 属于个体司机,单个道路货运企业很难独立满足大企业的货运订单需求。其次,企业车辆运转效率低,车辆平均日行驶里程仅为 300 公里,低于小白初期预计的 700—800 公里,远低于发达国家的 1 000 公里。最后,车货信息不匹配,经常出现车等货或者货等车的现象,甚至很多车辆需要空驶到其他地方找货。基于此,小白的道路货运企业仅能勉强维持运营,亟须找到好的办法来改变现状。

任务 1.1　网络货运概述

工作任务 ▶▶▶▶▶▶▶▶▶▶▶

有人向小白推荐,可以通过成为"网络货运企业"来解决上述这些问题。此时,小白思考的问题:什么是网络货运? 网络货运有什么好处?

请根据小白的问题,通过下面知识点的学习,并查询相关资料,写一篇关于网络货运发展的分析报告。

1.1.1　网络货运的发展轨迹

"网络货运"源于"无车承运人",是由 truck broker(货车经纪人)这一词汇演变而来的,是无船承运人在陆地的延伸。"无车承运人"一般不从事具体的运输业务,只从事运输组织、货物分拨、运输方式和运输线路的选择等工作,其收入来源主要是规模化的"批发"运输而产生的运费差价。无车承运人模式创始人是全球最大的公路货运企业——美国罗宾逊全球物流公司,它有一百多年的历史,2022 年位列世界 500 强排名第 154 位。它的营收有 80% 来自公路运输,但是却没有一辆卡车,演绎了顶级的轻资产模式。在这样的模式中,罗宾逊从客户处接单,然后发包给承运商进行运输。这种模式成功最大的关键就是信息化网络互联,解决车货匹配、多方协同、优化资源配置的问题。

2016 年 8 月 26 日,交通运输部办公厅印发《关于推进改革试点加快无车承运物流创新发展的意见》(简称《意见》),2016 年 10 月至 2017 年 12 月,交通运输部将在全国开展道路货运无车承运人试点工作。无车承运人依托移动互联网等技术搭建物流信息平台,通过管理和组织模式的创新,集约整合和科学调度车辆、站场、货源等零散物流资源,有效提升运输组织效率,优化物流市场格局,规范市场主体经营行为,推动货运物流行业转型升级。

1.《关于推进改革试点加快无车承运物流创新发展的意见》2.《网络平台道路货物运输经营管理暂行办法》

2019 年 9 月,交通运输部、国家税务总局在系统总结无车承运人试点工作的基础上,制定了《网络平台道路货物运输经营管理暂行办法》(简称《办法》)。交通运输部无车承运人试点工作于 2019 年 12 月 31 日结束。从 2020 年 1 月 1 日起,试点企业可按照《办法》规定要求,申请经营范围为"网络货运"的道路运输经营许可;县级负有道路运输监督管理职责的机构应按照《办法》,对符合相关条件要求的试点企业,换发道路运输经营许可证。未纳入交通运输部无车承运人试点范围的经营者,可按照《办法》申请经营许可,依法依规从事网络货运经营。

1.1.2 网络货运的基本概念

网络货运的功能就是要将物流运输转化成一种可在线购买、在线组织的服务,运输服务的购买者和实际运力的提供者都是平台业务的参与方,同时也是平台的用户资源。通过用户资源的不断积累,网络货运企业的整合效应日益明显。经营者不但能与上下游协同发展,还可以形成一条基于网络货运的产业生态链,发展金融、保险、油卡、ETC等多种增值服务,实现更加丰富的盈利模式。

1. 网络货运经营

网络货运经营是指经营者依托互联网平台整合配置运输资源,以承运人身份与托运人签订运输合同,委托实际承运人完成道路货物运输,承担承运人责任的道路货物运输经营活动。

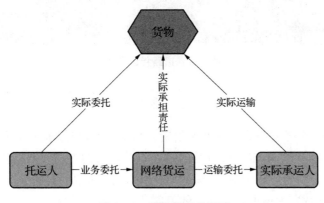

图 1-1　网络货运关系图

2. 实际承运人

实际承运人,是指接受网络货运经营者委托,使用符合条件的载货汽车和驾驶员,实际从事道路货物运输的经营者。实际承运人的责任期间,是指从承运人处接收货物时起至收货人处交付货物时止,货物处于实际承运人掌管之下的全部期间。承运人的责任期间,是指从承运人处接收货物时起至收货人处交付货物时止,货物处于承运人掌管之下的全部期间。货物发生灭失或者损坏,承运人应当负赔偿责任。承运人将货物运输委托给实际承运人履行的,除合同另有约定,承运人仍然应当对全部运输负责。

3. 道路货物运输

网络货运本质上是一种"道路货物运输活动"。道路货物运输是指在公共道路上使用汽车或其他运输工具从事货物运输的活动。除了网络货运明令禁止的危货运输外,只要符合整车、零担、城配、冷链、专线、大宗货物、商业混凝土和渣土等要求的运输形式,企业取得了相关运输资质,都可以增加网络货运业务活动。

零担、整车
城配、冷链
专线、大件
渣土、商砼
……

图 1 - 2 道路货运车辆

4. 网络货运与车货匹配撮合业务的区别

传统货运撮合业务是货运代理匹配发货方与承运方,进行车货匹配,同时利用信息差等服务赚取运输差价,不需要承担运输过程中承运人的责任。网络货运是经营者依托互联网平台整合配置运输资源,以承运人身份与托运人签订运输合同,委托实际承运人完成道路货物运输,承担承运人责任的道路货物运输经营活动。网络货运经营不包括仅为托运人和实际承运人提供信息中介和交易撮合等服务的行为。承担承运人责任是网络货运与车货匹配最大的区别。网络货运经营者作为承运人,要与实际承运人一起对运输中的货物承担责任。

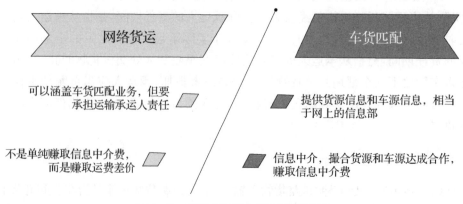

网络货运

可以涵盖车货匹配业务,但要
承担运输承运人责任

不是单纯赚取信息中介费,
而是赚取运费差价

车货匹配

提供货源信息和车源信息,相当
于网上的信息部

信息中介,撮合货源和车源达成合作,
赚取信息中介费

图 1 - 3 网络货运与车货匹配的区别

5. 承运人责任

承运人在货物运输过程中需要承担以下责任：

（1）提供合适的运输工具：承运人应当提供适合货物运输的运输工具，并保证其安全可靠，符合相关法律法规的要求。

（2）安全承运：承运人应当采取合理的措施，确保货物在运输过程中的安全，包括货物的正确装卸、防止货物受损或丢失、确保货物的稳定性等。

（3）按时交付：承运人应当按照合同约定的时间或者双方约定的期限，将货物准确无误地送达目的地。

（4）合理保管：在货物运输中，承运人应妥善保管货物，采取必要的措施防止货物被破坏、损坏或丢失。

（5）提供必要的信息：承运人应向货主提供有关货物运输的必要信息，如货物的实际运输情况、预计到达时间等。

（6）赔偿责任：如果货物在运输过程中有损坏、丢失等情况，承运人需要承担相应的赔偿责任。赔偿责任的具体范围和标准可以根据合同约定、法律法规或双方协商确定。

承运人的责任主要是保证货物的安全运输、按时交付，并承担与之相关的法律责任。具体责任范围和标准可能会因国家法律法规、合同约定等而有所不同，因此在签订运输合同时，应明确约定承运人的责任和义务，避免不必要的争议和纠纷。

1.1.3 网络货运的特点

1. 集约化

在合同物流过程中，货主企业在合同期间需要大量的运力，但是第三方物流企业自购的运输车辆无法单独满足需求。与此同时，大量社会运力获取货运需求的渠道有限，无法及时找到返程货源，导致大量运力闲置。网络货运经营者可以通过网络货运平台，调动分散的社会运力资源为货主提供运输服务，为车队或司机构建新的货运信息获取的渠道。

2. 信息化

依托物联网、大数据和云计算等现代信息技术工具，优化传统物流管理，创新经营模式。与客户的连接方式从传统的电话等人工手段升级为信息手段，诸如即时推送、网络协同等实时连接。运力的组织、管理以及结算方式由传统的线下作业升级为平台运营方式。

3. 便捷化

货主、车队和司机通过手机客户端迅速发布货源和运力信息，平台根据信息可以快速匹配相应的货物和车辆,并协同双方,跟传统物流相比,网络货运跳过中间商,直接面向两端,减少货运交易的中间环节。

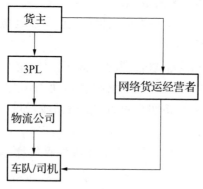

图 1-4　网络货运便捷化流程示意图

1.1.4　网络货运的意义

1. 整合道路货运资源

截至 2019 年上半年,229 家试点企业共整合营运货车 183 万辆,约占全国营运载货汽车拥有量的 13%,同比增长 8.5%;完成货运量、交易额增速均超过 120%,试点企业无车承运业务快速拓展。

试点监测数据显示,上半年试点企业平均整合运力近 8 000 辆,完成交易额 445 亿元,排名前 20 位的企业整合运力和完成交易量分别占总量的 73%、61%,市场集中度不断提高,道路货运行业逐步向集约化、规模化方向发展。

2. 提升道路货运体验

网络货运正在成为零散运输司机寻找货源的主要渠道,司机能从平台上获得诸多帮扶服务,有助于司机提升职业获得感。网络货运的可视化物流跟踪、运输质量管控、在线支付等功能也有助于提升物流服务的交付体验。对于托运方,网络货运可以整合分散运力,通过运力直采降低物流成本,并且提供更好的交付体验。

在传统的道路货运中,货主需要通过电话或传真与承运人联系,进行货物下单和安排运输等操作。这种方式存在时间成本高、效率低等问题。而通过网络货运,货主可以通过物流平台或在线平台与承运人直接交互,实现一站式服务。

例如,货主可以在物流平台上输入货物信息、起始地和目的地等要求,平台会根据这些信息自动匹配合适的运输供应商,并提供多个报价选择。货主可以根据价格、服务质量和评价等因素进行比较,选择最适合自己需求的承运人。

在货物运输过程中,货主可以通过物流平台实时跟踪货物的位置和运输状态。这样,货主可以随时了解货物的运输进展,不需要频繁联系承运人来了解运输情况,节约了时间和精力。

此外,通过网络货运,货主和承运人之间的沟通更加方便快捷。货主可以在线下单、填写相关信息,承运人也可以通过平台与货主交流,提供必要的信息和帮助,而不需要面对面地沟通。这不仅简化了操作流程,也充分利用了信息化技术的优势,提高了工作效率。

3. 规范道路货运行业

网络货运通过物流数字化实现了信息流、票据流、合同流、运输流和资金流的"五流合一",为税务稽查提供了完整链条。网络货运平台通过严格资质审查、统一服务标准、加强过程管控、在线诚信考核等市场化手段,有效规范平台上中小道路货运企业和个体运输户的经营行为,净化货运物流市场经营环境,推动货运物流业安全规范发展。

在传统的道路货运行业中,存在着信息不对称、承运人和货主之间合作关系不明晰等问题。而通过网络货运,可以建立起规范的交易平台和合作机制,提高行业的透明度和可信度。

例如,网络货运平台可以建立货主和承运人的信用评价系统。货主可以根据对承运人的服务质量、态度、时效性等方面进行评价和打分,供其他用户参考。这样一来,货主可以根据评价信息选择可靠的承运人,同时承运人也会更加注重自己的服务质量,以获得更好的评价和口碑。

此外,网络货运平台还可以提供交易合同的在线签署和管理功能。货主和承运人可以在平台上填写相关合同条款,进行线上签署,确保合同的真实性和合法性。这样一来可以减少因合同问题引发的纠纷,保护双方的权益。

另外,网络货运平台还可以通过技术手段提供实时监控和追踪功能,确保货物的安全和运输过程的可控性。货主可以随时通过平台查看货物的位置、运输情况等信息,确保货物按时送达,并能够及时发现和解决运输中的问题。

通过这些规范化的措施,网络货运不仅提供了有力的监管和管理手段,同时也提高了道路货运行业的整体规范性。货主和承运人能够在平等、透明的环境下进行交易,降低了信息不对称的风险,提高了行业的稳定性和可信度。

4. 提高物流企业效率

对于物流企业,网络货运可以为其链接更多的客户及服务资源,提升车辆运行效率,降低企业运营成本。行业监测数据显示,数字货运中的网络货运平台通过高效匹配车货信息、缩短简化交易链条,能够提高约50%的车辆利用效率,司机平均等货时间由2—3天缩短至8—10小时,较传统货运降低6%—8%的交易成本。

任务 1.2 网络货运平台的选择

国内物流正处于高速发展阶段,网络货运的平台模式随着行业的发展变化不断迭代,每一种模式都具有鲜明的特点。此时,小白思考的问题:目前网络货运有哪些平台经营模式? 自己的企业应该采用哪种平台模式?

请根据小白的问题,通过下面知识点的学习,并查询相关资料,写一篇关于网络货运平台的分析报告。

1.2.1 网络货运运营思路

传统道路货运行业主要有个体、公车公营、挂靠经营三种运营模式,实际运输组织中,个体车辆和挂靠车辆占比较大。大部分公车公营企业依托大型生产企业生存,由于运输量大,需要的货车数量多,如果全部依靠企业自有车辆则成本极高,因此大部分的运输业务需要靠个体车辆和挂靠车辆完成,自有车辆只作为应急补充。

由于个体和挂靠车辆占比高,导致传统道路货运行业存在以下问题:

(1) 物流资源分散。现有货运企业多、小、散、弱,各自为战。仓储、场站、货源、车源呈碎片化分布,形成信息化孤岛,供求信息得不到高效率匹配,造成运输效率较低。

(2) 货运层层转包。货物运输通过货代、运输企业、信息中介等多个环节,才能由实际承运人运输。据交通运输部统计,中间环节的费用达到20%以上。

(3) 缺乏龙头骨干企业。大部分企业局限于线下发展运输业务,为争抢货源低价恶性竞争。在全面营改增后,企业压低实际承运车辆的运价、发放油卡抵运费。

(4) 安全隐患突出。实际承运人为了获取更大收益,尽量不从高速公路通行以减少路桥成本,同时疲劳驾驶、超速行驶、超载运输等违章经营行为屡禁不止。

网络货运通过创新管理方式,推动实现"线上资源合理配置、线下物流高效运行"。通过网络货运平台实现货主与实际承运人之间的直接联系,减少层层转包,实现多个交易环节到两个交易环节的转变,减少中间交易成本,促进物流行业"降本增效"。利用平台运输过程实现透明化,货主可以掌握货物运输的整个过程,并通过保险实现货物的保值。网络货运可以开具增值税专用发票,而且通过混合抵扣实现财务合规缴税,上游货主无税务风险。运用平台车货匹配算法合理匹配货物与运力资源,提高运输效率,优化运力组织。网络货运平台在赚取运费差价的基础上,可以为实际承运人提供购车融资、汽车后市场服务等多种增值服务,实现新的利润增长。

托运人或货主与网络货运平台签订运输合同,明确运输安全保障责任、对货损货差的赔付责任和对货主投诉处理的责任等。托运人或货主支付运费给网络货运平台,平台开具9%的运输服务增值税发票。网络货运平台与实际承运人签订运输合同,明确追偿的权利、监管的责任和及时支付运费的责任等。网络货运平台支付运费给实际承运人,实际承运人开具3%的运输服务增值税发票。此时,对于托运人或货主,网络货运平台是第一责任人;对于实际承运人,网络货运平台是监管责任人。完成运输服务的同时,网络货运平台需要将运单数据、车辆轨迹、账单数据、税票数据等上传至网络货运监管平台和税务平台。

网络货运运营的盈利模式有:基础收益,包括运费差价、税费统筹、信息服务等;增值收益,包括油品抵扣、车后用品、货运保险等;金融收益,包括运费保理、小额信贷、融资租赁等;财政补贴,包括营收奖励、税返奖补、平台建设专项资金等。

1.2.2 控货型平台

控货型平台的特点是平台自身就是货主或货源的供给方,掌控着物流订单的分配权。在成本压力下,货主需要寻找社会上的运力资源,用来扩充运力池,降低运力的采购成本。比较典型的如合同物流、大宗能源、电子商务等。

合同物流这类平台建立的初衷是解决企业自身业务的物流问题,大多数是企业自身孵化的子公司。合同物流平台企业都拥有自己的运力池,一般是由自有车、外协车以及长期合作的运力供应商三类组成,但规模有限,难以满足企业运力需求。平台搭建的意义就是扩充运力池的边界,通过使用社会运力不断把更优质、更便宜的运力装进自有运力池,形成稳定长期的运力为自己所用,降低运力成本。代表企业有中外运、安得、荣庆、大恩等。

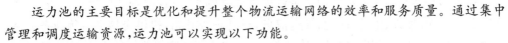

知识链接

运力池

运力池

运力池是指一个集中管理和调配运输资源的系统或平台,是运力资源的集合。在物流行业中,运力池通常由物流公司、货运代理商或物流平台等组织或企业建立和运营。

运力池的主要目标是优化和提升整个物流运输网络的效率和服务质量。通过集中管理和调度运输资源,运力池可以实现以下功能。

运输资源的共享与整合:运力池可以将不同的运输资源(如货车、船舶、飞机等)集中到一个平台上,方便进行统一管理和调度。这样,运输资源之间可以相互共享,提高资源利用率。

运输任务的动态调度:运力池可以根据实际需求和运输任务的紧急程度,动态地分配和调度运输资源,确保货物按时送达。

运输成本的降低:通过整合运输资源和优化调度,运力池可以降低物流成本,节约运输费用。

运输服务的提升:运力池可以提供更加灵活和高效的物流服务,满足客户的个性化需求。

大宗能源这类平台是大宗类货物生产企业投资成立的平台，与普货运输相比，载运能力要求更大，运输安全要求更高，装卸速度要求更快。大宗运输的货源以煤炭、钢铁、矿石、粮食、石油等为主。代表企业：货达、世德现代、安达、远迈等。

电子商务这类平台是大型消费类电子商务企业投资成立的平台，这些企业掌握了大量的物流订单，其物流过程中需要完成干线运输、城市配送和门到门的快递送货，如果单靠企业自身的运力无法满足需求，必须通过网络货运平台整合各类社会运力资源。代表企业：京东物流、菜鸟物流等。

企业案例

京东物流是中国知名的物流公司，作为京东集团的子公司，主要为京东电商平台及其他合作商家提供快递、配送和仓储等物流服务。京东物流在中国拥有广泛的服务覆盖网络，几乎涵盖了全国的城市和乡镇。无论是一线城市还是二、三线城市，京东物流均能提供快速、高效的物流配送服务。京东物流拥有庞大的仓储设施，包括自建的仓库和合作仓库，以满足不断增长的电商订单需求。经过多年的发展和优化，京东物流建立了高效的订单处理系统和配送网络，能够应对大规模的订单处理需求。根据官方数据，京东物流每天能够处理数百万的订单。此外，京东物流还充分利用互联网和物联网技术，运用大数据、人工智能、无人机等技术手段，提升物流的智能化水平，使用自动分拣系统，智能规划配送路线等提高物流效率。

1.2.3　开放型平台

开放型平台既不是货主，也不是运力供应商，而是专注于货主与运力之间的有效匹配，是面向整体市场开放的，接受自然竞争的纯第三方企业。这类企业可分为撮合型、承运型、专业型三种类型。

撮合型平台是第三方物流信息企业投资成立的平台，这些企业为货运司机、车主、运输公司发布、搜索、筛选、匹配、推送信息，开具正规开票，提供交易平台等业务服务。解决了车货信息匹配问题，提升了物流效率，也加速了物流行业信息化、数字化的发展。代表企业：满帮集团等。

承运型平台是专注整车运输业务的第三方物流企业投资成立的平台，这些企业侧重承运本身，业务上以计划性整车为主，比如业务周期长，但运输时间、线路都相对固定，对运输质量的要求比较高的干线外包业务。代表企业：福佑卡车等。

专业型平台是从事某一专业运输领域的企业投资成立的平台，在货物运输领域做差异化竞争，聚焦于一定区域或特殊行业，整合区域或行业内容的运力资源，例如：专门从事集装箱运输，专门从事某一省市的专线以及网点运输或者大宗货物运输。代表企业：滴滴集运、恰途、物云通、山西快成等。

满帮集团成立于 2017 年,由江苏满运软件科技有限公司(运满满)与贵阳货车帮科技有限公司(货车帮)战略合并组成。集团于 2021 年 6 月在美国纽交所上市,估值最高超过 300 亿美金,被称为"中国数字货运第一股"。

满帮集团的核心业务是车货匹配,利用精准的大数据帮助用户找车找货,以此为基础逐步发展成国内最大的数字货运平台,并向物流综合性服务转型。货主可以通过满帮数字货运平台发布货源信息、查看车辆报价、选择合适的物流运输方案。平台提供多种类型的货物运输服务,包括零担运输、整车运输、冷链运输等,满足不同货主的需求。此外,货主还可以通过平台实时追踪货物运输情况,并进行在线支付结算。车主可以通过满帮数字货运平台注册并发布自己的车辆信息,接收货主的货物运输需求。平台通过高效的匹配算法,将货主的货物需求和合适的车辆进行匹配,提供货源信息、路线规划和定价等服务。车主可以根据自身情况选择接单,提高货车的利用率,实现收益最大化。满帮数字货运平台与多家大型物流公司合作,为其提供物流管理系统、订单管理、运输调度等服务。物流公司可以通过平台管理运输订单,优化配送路线,监控运输进度,提高物流运营效率和服务质量。同时,平台还提供数据分析和运营决策支持,帮助物流公司进行精细化管理和业务拓展。

1.2.4 服务型平台

服务型网络货运平台的特点是多业务线并行,盈利模式除车货匹配外,主要来自为客户提供 SaaS 支持、资质申办、税务合规、金融保险、油卡、ETC 等多种综合类服务。服务型网络货运平台可以分为园区型、科技型、综合型三类。

园区型平台是物流园区运营企业投资成立的平台,利用分散在全国各地的物流园区网络,整合社会货运车辆迅速为在园区内经营的专线和城市配送企业提供运力、税务、保险等服务。代表企业:传化物流、卡行天下、天地汇等。

科技型平台是从事车载物流技术产品的企业投资成立的平台,以车载传感器、GPS、SaaS 支持、大数据、车联网等物流科技产品切入,以技术赋能物流企业,是典型的技术派平台。业务上,他们是各大物流企业的设备供应商,同时还拥有大量底层运力数据,能帮助客户搭建数据接口和系统等;此外,还能利用大数据优势和风控能力切入物流金融、保险等方面。代表企业:中交兴路、G7 等。

综合型平台是致力于资源链接,提供综合性的物流服务解决方案企业投资成立的平台,主营业务不仅是解决大小货主、物流公司、卡车司机的车货匹配物流需求,还能为客户提供税务合规、金融保险、车后服务,协助网络货运平台进行资质申办等综合类服务。代表企业:物流公社、路歌、物润船联等。

　　"物流公社"数字货运平台由长沙争渡网络科技有限公司研发运营,是一套集专业化物流管理、服务交易、资源链接、协同管控于一体的物流产业互联网平台,其最大特点是将"网络协同+数据智能"的互联网平台思维运用到物流产业链中,通过平台一体化管理人车场货,实现跨企业、多角色的协同作业。

　　平台搭建了多种物流运输场景,满足整车、零担、城配、冷链等差异化运输需求;采用图像识别、智能配载、GPS定位、传感监测、行为分析等技术手段对货物流转信息进行全方位、实时化跟踪记录;通过智能推荐、平台撮合、货源招标、司机抢单等业务功能为企业链接资源、促成交易;链接金融、保险、财税、车联网、ETC、电子合同、车后市场等各种优质资源,为企业提供服务便利,降低采购成本;同时平台还可对接ERP、SCM、财务管理软件等各类企业系统,在数据汇集的基础上辅以区块链技术和大数据分析,构建出业务与资金匹配的真实数据,建立企业信用体系,助力物流产业高质量发展。

任务 1.3 网络货运经营许可申报

工作任务 ▶▶▶▶▶▶▶▶▶

小白已经决定企业要向网络货运方向发展，并选择了相关平台模式。此时，小白思考的问题：网络货运经营应该具备什么样的条件？网络平台道路货物运输经营许可如何申报？

请根据小白的问题，通过下面知识点的学习，并查询相关资料，绘制网络货运经营许可申报流程图，并确定工作关键点。

1.3.1 网络货运经营条件

企业要具备相当的技术能力、运营能力和资金实力才有可能完成获取网络货运经营资质所需的线上服务能力认定。网络货运经营牌照为企业的标准化作业、智能监管、运力组织、合法合规经营提供了强有力的背书，有利于提升企业品牌形象。

网络货运企业应该具备以下经营网络货运的基础条件：

（1）企业具备货源组织能力，有比较稳定的货源，或者有收集货源信息的渠道。

（2）企业具备一定的运力组织能力，有自营车队或者有相对稳定的外协合作运力。

（3）企业有信息化系统的运营能力，能够自研开发网络货运信息系统，或者有能力采购定制化或通用化的网络货运信息系统，并有相应的人才结构组织和开展线上业务。

（4）企业有一定的经济实力，能够承担每年的网络货运资质的维护成本，包括信息系统使用年费、安全等级年审等相关费用。

（5）企业能够结合自身优势，选择正确的开展网络货运业务平台类型，对该业务有相对清晰的诉求。例如物流园区想通过网络货运整合进出园区的物流资源，垂直领域的物流企业想笼络更多的专业化运力等。

（6）企业具备科学管理、合规经营的意识。网络货运要通过标准化的线上流程开展业务，要接受交通主管部门和税务机构的监管，企业要转变经营意识，积极规范调整业务的不合规处。

（7）企业有相对长远的发展理念。网络货运需要一定的资源积累和投入，但它是不可扭转的发展趋势。企业在业务开展过程中不可急功近利，不能只以开票为唯一盈利点。切不可把利用税源地优惠政策赚取税返作为经营网络货运的目的，这种短视行为极有可能把企业带入虚开发票的犯罪深渊。

1.3.2 网络货运经营申报流程及材料

1. 线上能力认定申请

申请人应当将网络货运平台接入省级网络货运公共服务平台,并向企业注册地市县负有道路运输监管职责的机构提交线上服务能力材料,具体包括如下内容:

(1)《增值电信业务许可证》原件及复印件(公司名称与网络货运经营申请人名称一致);

(2)公安部门核准颁发的《信息系统安全等级保护备案证明》(三级及以上)原件及复印件(公司名称与网络货运经营申请人名称一致);

(3)网络平台已经按照要求接入省级网络货运信息监测系统证明材料;

(4)平台服务功能符合《网络平台道路货物运输经营服务指南》要求的证明材料或承诺书,具备信息发布、线上交易、全程监控、金融支付、咨询投诉、在线评价、查询统计和数据调取等八项功能要求;

(5)真实性声明;

(6)其他需要提供的证明材料,主要是健全的安全生产管理制度等。

2. 提交相关材料

各市县负有道路运输监管职责的机构受理线上服务能力材料后,按要求上报至省道路运输局或省道路运输事务中心。

3. 出具能力认定结果

省道路运输局或省道路运输事务中心负责实施线上服务能力认定,出具《线上服务能力认定结果》或在官网公示,并抄送省交通运输厅。

4. 申请行政许可

获得线上服务能力认定的申请人,方可申领道路运输经营许可证,申请人应向所在地市县负有道路运输监管职责的机构提出申请,并提交以下材料:

(1)网络平台道路货物运输经营申请表;

(2)负责人身份证明,经办人的身份证明和委托书;

(3)安全生产管理制度文本,包括安全生产责任制度、安全生产业务操作规程、驾驶员和车辆资质登记查验制度、托运人身份查验登记制度等;

(4)相应的安全生产管理部门或者配备专职安全管理人员任命文件;

(5)线上服务能力认定结果;

(6)法律、法规规定的其他材料。

5. 发放经营许可

各市县负有道路运输监管职责的机构对网络货运经营申请予以受理的,并作出许可或者不予许可的决定。对符合法定条件的网络货运申请作出准予行政许可决定的,应当出具《道路货物运输经营行政许可决定书》,向被许可人颁发《道路运输经营许可证》,在《道路运输经营许可证》经营范围栏目中注明"网络货运";对网络货运经营不予许可的,应当向申请人出具《不予交通行政许可决定书》。

1.3.3　拓展知识

1. 增值电信业务许可证

电信增值业务许可证是指利用公共网络基础设施提供的电信与信息服务业务的许可证。国家对电信业务经营实行许可制度。经营电信业务,必须依照规定取得国务院信息产业主管部门或者省、自治区、直辖市电信管理机构颁发的电信增值业务许可证。任何未取得电信增值业务许可证的组织或个人不得从事电信业务经营活动。

增值电信业务分为两类:第一类增值电信业务包括互联网数据中心业务、内容分发网络业务、国内互联网虚拟专用网业务、互联网接入服务业务;第二类增值电信业务包括在线数据处理与交易处理业务、国内多方通信服务业务、存储转发类业务、呼叫中心业务、信息服务业务、编码和规程转换业务。

网络货运平台应具备的业务范围主要是信息服务业务、在线数据处理与交易处理业务和呼叫中心业务。

信息服务业务是指通过信息采集、开发、处理和信息平台的建设,通过公用通信网或互联网向用户提供信息服务的业务。信息服务的类型按照信息组织、传递等技术服务方式,主要包括信息发布平台和递送服务、信息搜索查询服务、信息社区平台服务、信息即时交互服务、信息保护和处理服务等。其中,仅限互联网信息服务业务(ICP证)满足网络货运平台实现信息发布功能,如需求信息发布与递送;不含互联网信息服务业务(SP证)满足网络货运平台实现金融支付功能,如发送支付短信验证码。

在线数据与交易处理业务是指利用各种与通信网络相连的数据与交易/事务处理应用平台,通过通信网络为用户提供在线数据处理和交易/事务处理的业务。在线数据和交易处理业务包括交易处理业务、电子数据交换业务和网络/电子设备数据处理业务。在线数据与交易处理业务(EDI证)满足网络货运平台实现线上交易功能,如在线订单处理与派发。

呼叫中心业务是指受企事业单位委托,利用与公用电话网或因特网连接的呼叫中心系统和数据库技术,经过信息采集、加工、存储等建立信息库,通过固定网、移动网或因特网等公众通信网络向用户提供有关该企事业单位的业务咨询、信息咨询和数据查询等服务。呼叫中心业务还包括呼叫中心系统和话务员座席的出租服务。用户可以通过固定电话、传真、移动通信终端和计算机终端等多种方式进入系统,访问系统的数据库,以语音、传真、电子邮件、短消息等方式获取有关该企事业单位的信息咨询服务。其中,国内呼叫中心业务许可证满足网络货运平台实现咨询投诉功能,如搭建客服座席平台。

增值电信业
务许可证申
请流程

2. 网络安全等级保护 2.0 体系

网络安全等级保护 2.0 体系是根据 2017 年 6 月 1 日起正式实施的《网络安全法》要求制定的《信息安全技术—网络安全等级保护基本要求》(GB/T 22239—2019)国家标准。

知识链接

《网络安全法》第二十一条 国家实行网络安全等级保护制度。

网络运营者应当按照网络安全等级保护制度的要求,履行下列安全保护义务,保障网络免受干扰、破坏或者未经授权的访问,防止网络数据泄露或者被窃取、篡改:

(一)制定内部安全管理制度和操作规程,确定网络安全负责人,落实网络安全保护责任;

(二)采取防范计算机病毒和网络攻击、网络侵入等危害网络安全行为的技术措施;

(三)采取监测、记录网络运行状态、网络安全事件的技术措施,并按照规定留存相关的网络日志不少于六个月;

(四)采取数据分类、重要数据备份和加密等措施;

(五)法律、行政法规规定的其他义务。

《网络安全法》第三十一条 国家公共通信和信息服务、能源、交通、水利、金融、公共服务、电子政务等重要行业和领域,以及一旦遭到破坏、丧失功能或者数据泄露,可能严重危害国家安全、国计民生、公共利益的关键信息基础设施,在网络安全等级保护制度的基础上,实行重点保护。关键信息基础设施的具体范围和安全保护办法由国务院制定。

网络安全是通过采取必要措施,防范对网络的攻击、侵入、干扰、破坏和非法使用以及意外事故,使网络处于稳定可靠运行的状态,以及保障网络数据的完整性、保密性、可用性的能力。

等级保护是指对会影响到国家安全、社会秩序、公共利益、公民法人合法权益的信息系统实行分等级的信息安全保护,保障信息系统正常运行,维护国家利益、公共利益和社会稳定。

等级保护对象是指网络安全等级保护工作中的对象,通常是指由计算机或者其他信息终端及相关设备组成的按照一定的规则和程序对信息进行收集、存储、传输、交换、处理的系统,主要包括基础信息网络、云计算平台/系统、大数据应用/平台/资源、物联网(IoT)、工业控制系统和采用移动互联技术的系统等。等级保护对象根据其在国家安全、经济建设社会生活中的重要程度,遭到破坏后对国家安全、社会秩序、公共利益以及公民、法人和其他组织的合法权益的危害程度等,由低到高被划分为五个安全保护等级。

网络货运经营平台要求满足三级以上网络安全等级保护的要求,能够在统一安全策略下防护免受来自外部有组织的团体、拥有较为丰富资源的威胁源发起的恶意攻击、较为严重的自然灾难,以及其他相当危害程度的威胁所造成的主要资源损害,能够及时发现、监测攻击行为和处置安全事件,在自身遭到损害后,能够较快恢复绝大部分功能。

网络货运经营平台要求开展三级等级保护测评工作,网络安全等级保护工作包括定级、备案、安全建设和整改、信息安全等级测评、信息安全检查五个阶段,每个阶段都需要严格测评。等保评测结果:优、良、中、差(四个级别)。其被测目标中存有安全隐患,但不容易造成被测目标遭遇高级安全隐患,且系统软件综合性评分70分以上才算通过等级保护,否则要进行等保整改。

课程思政

《"十四五"现代物流发展规划》解读

2022年12月15日,国务院办公厅印发了《"十四五"现代物流发展规划》(以下简称《规划》),并发布通知,要求各地区各部门认真贯彻执行。"十四五"规划的发布吸引了各界的目光,"十四五"规划包含哪些内容? 会对中国物流业带来哪些变化呢?

关键句:精准聚焦现代物流发展重点方向

具体内容有六点,包括加快物流枢纽资源整合建设、构建国际国内物流大通道、完

《"十四五"现代物流发展规划》通知

善现代物流服务体系、延伸物流服务价值链条、强化现代物流对社会民生的服务保障、提升现代物流安全应急能力等。

解读:物流业在我国国民经济中具有重要作用,随着小康社会的全面建成,现代物流业也需要做出转变,以前的"粗放型"及"重成本"已经不再适应当前的发展趋势,要以"成本导向"转向"服务导向",从"重成本"转向重质量,重服务。且随着科学技术的发展,现代物流业也必将迎来技术上的革新,向自动化、智慧化方向发展。

《规划》提出的六点发展重点方向很明确,六点之间有很强的关联性,物流枢纽资源整合建设的加速,有利于整合存量物流基础设施资源,将很好地发挥物流枢纽的规模经济效应,提高物流整体运行效率和现代化水平,有利于补齐物流基础设施短板。

国际国内双循环物流通道的构建,是在现代化物流体系构建的基础上完成的,只有构建起现代物流体系,才能构建国际国内双循环的物流通道,国际国内物流通道的构建,将极大地推动中国物流业的辐射能力,提升中国相关城市的物流综合服务能力和规模化运行效率。

《规划》中提到了现代物流服务体系的建设,这实质上是物流本质的回归,意味着"十四五"期间乃至未来,现代物流业将从成本导向转向服务导向,将更加重视服务和体验。

《规划》中还提到了要延伸物流服务价值链条,核心是延伸服务。当下,无论行业怎样转型,需求才是核心,要跳出物流业的框架,模糊物流业的边界,提高客户与消费者的体验,延伸供应链,做差异化服务,与产业进行融合,才能让物流业的未来更加光明。

服务民生方面,在全面建成小康社会的基础上,以服务为导向,让物流业下沉,让乡村振兴成为脱贫攻坚取得胜利后全面推进的重点,乡村振兴会让物流链接更加充分,覆盖面更广,更好发挥物流的服务属性。

《规划》中明确提到了对于现代物流安全应急能力提升的重要性,在物流业飞速发展的今天,亟须建立储备充足、反应迅速、抗冲击能力强、便捷安全的物流体系。当前物流装备体系要做好技术储备、控制好资金链,做好应急措施,在政策导向下,充分发挥社会物流作用,这里面,企业是应急物流队伍的主题以及核心。

关键句:加快培育现代物流转型升级新动能

具体内容有六点,包括推动物流提质增效降本、促进物流业与制造业深度融合、强化物流数字化科技赋能、推动绿色物流发展、做好供应链战略设计、培育发展物流经济等。

解读:《规划》的实施将推动中国物流业全面进入高质量发展阶段,提质增效理念将取代降本增效理念成为中国物流业发展的主流理念。

《规划》中提到了要促进物流业与制造业深度融合,从制造业角度看,此举将赋能实体经济,以产业链供应链为纽带实现制造业与物流业的深度融合,物流业将进一步服务实体经济,物流的连接作用将从独立链接走向与制造业的深度链接,物流业将在市场经济的地位中愈加凸显。

在推动中国物流的绿色化发展方面,《规划》的发展原则包括绿色低碳、安全韧性,中国物流的绿色化发展在高质量发展的基础上才能实现,在推动绿色化发展的同时,也在注重智慧化发展,双发展是实现国内国际双循环、智慧供应链的基础,需要一系列的科学技术变革才能实施。"十四五"强调创新驱动,高质量发展势必会推动技术的升级和创新,绿色化发展则会推动新能源设备、绿色仓储、绿色包装等一系列的绿色能源装备和技术的发展,智慧化发展将会促进物流软硬件的进一步融合,推动物流业向智慧化、自动化方向发展。

《规划》中还指出要做好供应链战略设计,产业基础高级化和产业供应链现代化已成为我们建设社会主义现代化国家的一个非常重要的任务。在现代企业经营活动中,物流供应链已经渗透到各项经营活动之中,做好供应链战略设计将大大提高现代物流业工作效率,通过物流供应链设计,可以实现全过程供应链管理,使得由各方参与的供应链整体化和系统化、物流一体化,从而使整个供应链利益最大化,降低企业供应链成本。基于数字化,物流成为供应链一部分,通过供应链设计,物流、信息流、资金流可以实现融合发展,从而达到全面链接;当前,物流是国家经济发展的重要基础设施,物流经济的重要性不言而喻!培育发展物流经济,有利于企业降低生产成本,进而刺激消费,扩大内需,激发经济增长新动能。

关键句:深度挖掘现代物流重点领域潜力

具体内容有七点,包括加快国际物流网络化发展、补齐农村物流发展短板、促进商贸物流提档升级、提升冷链物流服务水平、推进铁路(高铁)快运稳步发展、提高专业物流质量效率、提升应急物流发展水平等。

解读:《规划》中提到要加快国际物流网络化发展,在双循环新发展格局的推动下,中国物流的主体地位和国际化发展将得到极大推动。当前环境下,国际物流是我国物流的短板,随着技术的全面革新和现代物流体系的构建,我国国际物流网络化的发展速度也将得到提升,中国物流技术服务也将走向国际化。

《规划》强调创新推动,冷链物流服务无论是在农村还是在城市,其水平都需要进一步提升,农业农村部市场与信息化司副司长宋丹阳说,下一步将加快补齐"最先一公里"冷链物流短板,优化产地冷藏保鲜设施建设,建立产地冷链物流服务体系,健全要素支撑保障体系,对于链接田间地头、百姓餐桌的冷链物流来说,其服务水平提升的意义很大,农村物流基础设施的完善和冷链物流服务水平的提升,是向"最先一公里"的延伸,总的来看,物流向末端消费者延伸是其未来的发展方向。

自2004年起,中国高速铁路通过引进、消化、再创新到自主创新,已经取得了举世瞩目的成就,目前高速货运动车已经为铁路货运注入了新活力。当前,铁路快运在向高质量、高效益的方向稳步发展,早期铁路的大规模、粗放式、速度型的发展模式已经逐渐被淘汰,高质量、高效益的模式会是铁路的未来,除此之外,智能化、绿色化等方向也是铁路快运发展的重要方向!随着科学技术的发展,我国立足于智能铁路总体框架布局,利用BIM、大数据、5G通信等新兴技术,打造了智能京张、智能京雄等工程,实现信息化与建设管理、装备制造、运营监测深度融合,加强了既有铁路基础设施提质升级。此外,绿色一直是铁路快运可持续发展的内在要求,近年来,我国将绿色发展理念贯穿到高速铁路发展全过程,广泛采用先进高效的绿色节能技术,努力建设与自然资源承载力相匹配、与铁路沿线生态环境相协调的绿色高铁。在明确的"减碳"目标下,我国进一步提出对不同线性基础设施的廊道进行整合,打造以铁路为主的国家综合立体交通网,进一步扩大绿色环保效应,众多技术加持是铁路快运稳步发展的重要保障。

商贸物流和专业物流的提档升级将促进物流行业创新和高质量发展,提高流通效率,推进物流行业实现快速发展。

关键句:强化现代物流发展支撑体系

具体内容有三点,包括培育充满活力的物流市场主体、强化基础标准和制度支撑、打造创新实用的科技与人才体系等。

解读:市场主体是经济发展的基本载体,是经济活动的主要参与者,就业机会的主要提供者,技术进步的主要推动者。《规划》中提到要培育充满活力的物流市场主体,这对企业来说有利于培养其竞争力,通过兼并重组、联盟合作等手段对资源进行优化整合,让物流市场充满活力。对个人来说,可以从多渠道提供就业机会,扩大就业,对促进社会经济发展起到了重要作用。对行业来说则会刺激技术进步,提升行业组织化、集约化水平、促进物流降本增效、培育发展新动能、推动物流业态模式创新。

《规划》中提到要强化基础标准和制度支撑,打造创新实用的科技与人才体系等,都是支撑物流行业创新和高质量发展的基础。打造创新实用的科技和人才体系,必然带来物流技术的全面升级与创新,向着标准化、信息化、智慧化方向发展,并且会带动传统物流技术和配套物流设施的技术变革。随着人口老龄化加剧,人才必然是物流行业最宝贵的资源,这也为行业的进一步发展带来更多可能。

《"十四五"现代物流发展规划》政策解读视频

来源:现代物流报

课后练习 ▶▶▶▶▶▶▶▶▶▶▶

参考答案

一、单选题

1. 2016年《关于推进改革试点加快无车承运物流创新发展的意见》是由哪个部门印发的?(　　)

A. 国家发展和改革委员会 　　　　B. 交通运输部

C. 商务部 　　　　D. 中国国家铁路集团有限公司

2. 下列属于网络货运运输形式的是(　　)。

A. 航空货运 　　B. 零担运输 　　C. 多式联运 　　D. 危货运输

3. 下列不属于承运人在货物运输过程中需要承担的责任是(　　)。

A. 提供合适的运输工具 　　　　B. 安全承运

C. 支付运费 　　　　D. 合理保管

4. 下列不属于网络货运特点的是（　　）。

A. 集约化　　　　　B. 信息化　　　　　C. 便捷化　　　　　D. 网络化

5. 下列不属于传统道路货运行业运营模式的是（　　）。

A. 个体经营　　　　B. 公车公营　　　　C. 挂靠经营　　　　D. 集体经营

6. 下列不属于网络货运平台需要上传至网络货运监管平台和税务平台的数据是（　　）。

A. 运单数据　　　　B. 车辆轨迹　　　　C. 运费数据　　　　D. 税票数据

7. 平台开具给托运人或货主的运输服务增值税发票税率是（　　）。

A. 9%　　　　　　B. 13%　　　　　　C. 6%　　　　　　D. 5%

8. 下列不属于典型控货型平台的是（　　）。

A. 合同物流　　　　B. 大宗能源　　　　C. 电子商务　　　　D. 零担物流

9. 下列不属于典型开放型平台的是（　　）。

A. 货代型　　　　　B. 撮合型　　　　　C. 承运型　　　　　D. 专业型

10. 满帮集团属于哪一类网络货运平台？

A. 控货型平台　　　B. 开放型平台　　　C. 服务型平台　　　D. 经营型平台

11. 下列不属于典型服务型平台的是（　　）。

A. 园区型　　　　　B. 科技型　　　　　C. 综合型　　　　　D. 承运型

12. 进行线上能力认定，出具能力认定结果的部门是（　　）。

A. 省道路运输事务中心　　　　　　　　B. 省公路事务中心

C. 省交通运输厅　　　　　　　　　　　D. 省发展与改革委员会

13. 线上能力认定申请不需要提供的材料是（　　）。

A.《增值电信业务许可证》

B.《信息系统安全等级保护备案证明》

C. 接入省级网络货运信息监测系统证明材料

D.《企业营业执照》

二、判断题

1. 网络货运经营仅为托运人和实际承运人提供信息中介和交易撮合等服务的行为。　　　　　　　　　　　　　　　　　　　　　　　　　　　　（　　）

2. 传统货运撮合业务需要承担运输过程中的承运人责任。　　　　　（　　）

3. 网络货运平台通过车货匹配算法合理匹配货物与运力资源，提高运输效率，优化运力组织。　　　　　　　　　　　　　　　　　　　　　　　　　　（　　）

4. 控货型平台的特点是平台不是货主或货源的供给方，掌控不了物流订单的分配权。　　　　　　　　　　　　　　　　　　　　　　　　　　　　　（　　）

5. 综合型平台主营业务不仅可以解决车货匹配物流需求，还能为客户提供税务合规、金融保险、车后服务、协助网络货运平台资质申办等综合类服务。　　　（　　　）

6. 符合法定条件的网络货运申请作出准予行政许可决定的，应当出具《道路货物运输经营行政许可决定书》，向被许可人颁发《道路运输经营许可证》，在《道路运输经营许可证》经营范围栏目中注明"网络货运"。　　　（　　　）

7. 线上线下交易是网络货运平台必须具备的功能。　　　（　　　）

8. 全程监控是网络货运平台必须具备的功能。　　　（　　　）

三、简答题

1. 简述网络货运的意义。

2. 简述传统道路货运行业存在的问题。

3. 网络货运运营的盈利模式有哪些？

4. 简述网络货运平台线上能力认定申请必须具备的功能。

网络货运企业内部组织管理

学习情境

据《中国数字货运物流发展报告》显示,2022 年我国公路货运市场规模在 5 万亿元左右。其中,数字货运整体市场规模约为 7 000 亿元,市场渗透率约为 15%。截至 2022 年底,全国共有 2 537 家网络货运企业,整合社会零散运力 594.3 万辆,整合驾驶员 522.4 万人。2022 年全年共上传运单 9 401.2 万单,同比增长 36%。调查显示超过七成的货车司机使用过网络货运平台。平均每家网络货运企业,需要整合 2 343 辆货车,2 059 名驾驶员,3.7 万单运单。如此多资源和业务的运营需要高效的企业组织结构,此时小白想自己的网络货运企业应该由哪些部门组成? 每个部门有哪些岗位? 这些岗位的职责有哪些? 自己的网络货运企业和传统运输企业的组织架构有什么不一样?

任务 2.1　网络货运企业内部组织结构

有人向小白推荐，构建网络货运企业的组织架构需要了解企业组织架构理论和结构模式。此时，小白思考的问题：哪些因素影响企业组织结构？有哪些好的组织结构模式？

请根据小白的问题，通过下面知识点的学习，并查询相关资料，写一篇关于网络货运企业与传统运输企业组织结构区别的报告。

2.1.1　企业内部组织结构相关理论

组织结构是企业的基本架构，是企业管理的重要组成部分，是企业生存和发展的基础。伴随着企业群体的成长，企业组织结构不断发生变革。影响企业组织结构变化的影响因素主要有三个方面。

1. 技术进步

技术进步是影响企业组织结构的外部动力，重大的技术变迁使企业的外部环境发生重大变化，环境的变化要求企业进行相应的组织结构变革。从世界经济史可以发现，四次重大的技术变迁都使企业的经营环境发生重大变化，进而带来企业组织结构的相应调整和变革。

案　例

第三次和第四次技术革命对企业组织机构的影响

第三次技术革命也被称作信息技术革命，开始于 20 世纪 50 年代，其主要标志是微电子技术的开发与应用。一方面，微电子技术和互联网的发展加快了信息传播的速度，降低了信息搜集、传播、贮存和处理的成本，极大地提高了劳动生产率，使企业由传统的层级制结构向扁平式结构发展成为可能。信息技术使部门间的横向联系更加便捷，部门协作不再受到空间距离的束缚。另一方面，信息技术和互联网的发展改变了人们的生活方式，也改变了人们的等级观念。在平等、共享、开放成为共识的条件下，人们期待打破传统的建立在等级制基础上的自上而下发号施令的官僚层级结构，代之以更为开明和强调合作与共赢的新型结构。电子商务的蓬勃发展也改变了消费者的消费行为，顾客忠诚度降低，企业必须努力提高顾客黏性，这就需要快速灵活地对顾客需求做出响应，柔性化、网络化的新型结构能够较好地满足企业的这一需要。

始于20世纪末21世纪初的第四次技术革命，以新材料、新能源和生物科技为标志。这类企业科技含量较高，员工的知识水平也较高，其典型特点是与高校和科研机构合作，搭建知识交流和共享的平台，网络结构更适合这类企业的需求。与此同时，信息技术和互联网经历了高速发展，全球化和网络化使地球成为地球村，网络结构进一步深化，出现了虚拟企业、战略联盟、无边界组织等新的网络企业组织形式。

2. 政策变化

政策环境对企业组织结构进化的影响可以概括为两个方面：一是不同政策环境下的企业组织结构进化路径存在一定的差异；二是相同的政策环境下，政策的压力使企业组织结构趋同。

案　例

我国在改革开放后，通过颁布一系列政策和法律法规，走上了市场化道路。随着企业自主权的扩大和国家对企业的改制、重组，企业有了组织结构调整和选择权，一些企业根据自身发展的需要，借鉴和模仿了国外流行的事业部制和矩阵制结构。

美国1950年通过的《塞勒—凯弗维尔法》，限制企业兼并扩张，盲目追求市场份额，以防行业垄断。这一法案的出台，促使大企业转而走多元化路线，杜邦公司和通用电气公司就是代表。多元化战略进一步影响了企业的组织结构，使企业趋向于选择事业部制结构。

3. 企业特征

企业特征是企业组织结构进化的内部动力，主要表现在企业生命周期、企业规模和范围、企业战略、技术和知识水平、企业领导人特质五个方面，对企业组织结构进行影响。

表2-1　不同生命周期阶段的企业组织结构

企业生命周期阶段	企业特征	企业采用的组织结构
初创期	规模小，正规化程度低	直线制或扁平的简单结构
成长期	兼并扩张，正规化程度提高	职能制结构
成熟期	规模继续扩大，管理协调成本提高	事业部制或矩阵制
衰退期	体制僵硬，寻求组织结构变革	网络结构

传统的生产制造行业,由于其技术含量较低,对员工的知识水平要求比较低,生产流程比较固定。因此,这些行业的企业倾向于采取职能制结构,这种结构可以通过专业化分工提高生产效率,获取规模效益。而新兴的高技术行业,如互联网行业、生物科技行业、新能源行业等,这些行业中的企业,技术含量比较高,员工的知识水平普遍比较高,而且创新和创造性是这类企业获取竞争优势的关键。

2.1.2　传统运输企业的组织结构

1. 直线制

　　直线制组织机构是最古老的企业管理组织形式。其特点是组织机构中各种职位均按垂直系统直线排列,结构简单、权力集中、命令统一、决策迅速,管理幅度较大。在组织机构中,上下级和同级之间的关系很明确,职权从下到上逐级增高,各级组织的数目由下到上逐渐减少。实行的是没有职能机构的管理,要求各级主管人员必须具有多方面管理业务的知识和技能。由于各项业务工作都由领导者亲自处理,容易使他们陷入烦琐的日常行政事务中,影响思考企业发展的重大战略性问题。但由于这种管理机构具有机构简单、成本低、责权明确、灵活、目标清楚等特点,在一些规模较小、生产技术与工艺过程比较简单,市场范围不大,产品单一的小型企业中采用,运输企业直线制组织结构如图 2-1 所示。

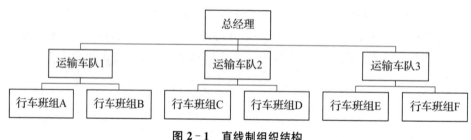

图 2-1　直线制组织结构

　　直线制组织结构的运输企业各种职位基本按照垂直系统直线排列,各层级的领导包括经理、运输车队队长、班组组长等,需要具备处理运输市场、车辆组织、维修保养和商务保险等各方面的工作。

2. 职能制

　　职能制组织结构形式由被誉为"科学管理之父"的泰勒首创。其主要内容是对企业按职能实行专业分工管理,在各级行政负责人下设相应的职能机构,并且各职能机构都可以在自己的职权范围内向下级下达命令,直接进行指挥。这种组织结构形式的优点是有助于加强各项专业管理,发挥职能机构的作用,弥补各级行政领导者的管理能力不足。运输企业职能制组织结构如图 2-2 所示。

　　从组织结构图可知,运输企业根据职能将总经理以下分为运务、市场、机务、安全、财务等部门,各部门可在职权范围内对运输企业的各个车队下达管理命令。这样分工明确,有利于各部门尽力做好自己的本职工作。但是此种组织结构也容易使管理不统一,造成对运输车队的多头管理,削弱了统一管理的力量。

3. 直线职能制

直线职能制组织结构是综合直线制和职能制的优点而发展形成的。各职能部门由企业总经理统一领导,运行生产则在运行调度机构的集中领导下统一指挥,其他职能机构对基层只执行业务领导。这种形式既保证了生产过程的集中统一指挥,又发扬了各职能机构的业务专长,有利于企业的经营活动。运输企业直线职能制组织结构如图2-3所示。

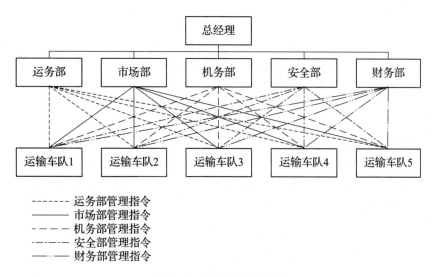

图 2-2 职能制组织结构

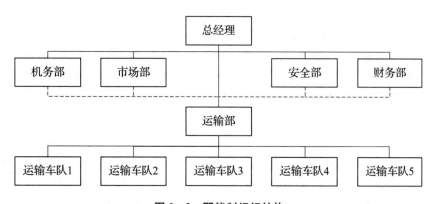

图 2-3 职能制组织结构

直线职能制在各职能部门的基础上,建立运输部作为企业各职能部门和各运输车队之间的枢纽,由运输部负责企业各种管理指令和基层信息的上传下达。这种结构能够满足运输企业统一领导的要求,能够弥补职能制多头管理的缺点,保障各部门的专长与特点能够运用到运输生产中,同时也具备了直线制的简单明了、上下及分工明确的特点,各个部门各司其职。

4. 事业部制

事业部制一般被称为部门化机构,其管理原则是集中决策、分散经营,即在集中指导下进行分权管理。在这种结构中企业按生产特点、地区和经营部门分别成立若干个事业部(分公司、部门),各事业部门分别对自己所辖部门的工作负责,实行独立经营、单独核算。企业最高管理机构只保留人事决策、财务控制、规定价格幅度和监督等大权,并通过主要利益指标对各事业部进行控制。运输企业事业部制组织结构如图 2-4 所示。

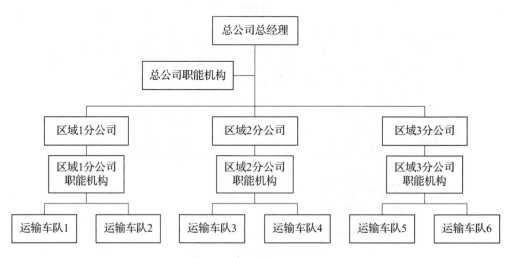

图 2-4 事业部制组织结构

运输企业随着规模的扩大,从运营线路到运营网络也在不断扩大,而运输网络分布在很多的区域,如果采用直线职能制管理,需要在异地消耗大量的管理成本,因此运营网络的运输企业更愿意采用事业部制的组织结构进行管理。分布在各个地区的分公司更加熟悉本地的客户和环境,能够充分调动各种资源,为企业客户服务,同时总公司高层管理仍保留对人事、财务等大事件的监督决策权力。

5. 矩阵制

矩阵制组织结构是由专门从事某项工作的工作小组形式发展起来的一种组织机构。工作小组是由许多不同专长的人组合而成的,专门完成较为复杂的工作或涉及专业较多的工作的专门小组。如果企业里同时组织多个工作小组,而且这种工作小组长期存在,就形成矩阵制组织结构。

运输企业在计划期内同时受理五项大型物流运输项目(长期承担五家客户的物流运输任务,而这五家客户的物流运输地域分布不同,产品对运输的时间、运输的工具等都有不同的要求），公司成立五个专职物流运输组织,从运输企业各职能机构抽调人员分组参加,这些人员横向接受专职物流运输组织领导,纵向接受原职能部门领导,从而形成横行纵列的矩阵机构。这种组织结构可以使公司服务的客户类型或区域范围更加广阔,能满足不同地域或类型客户的物流运输需求,也给公司发展包括扩大公司知名度做出贡献。

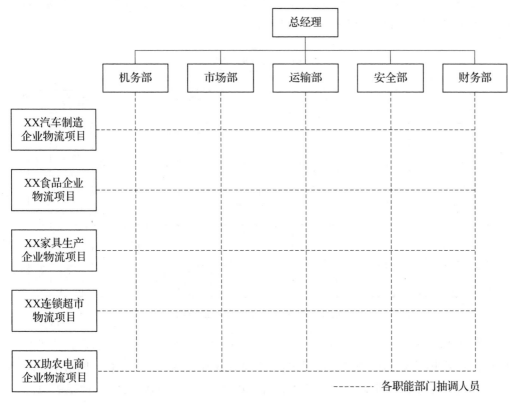

图 2-5　矩阵制组织结构

2.1.3　网络货运企业组织结构

网络货运是一种利用互联网技术和平台来进行货物运输的方式,因此网络货运企业的组织结构和传统运输企业有所区别,主要体现在以下几个方面。

（1）技术驱动:网络货运企业以互联网技术为核心,注重技术的应用和创新。因此,在组织架构上可能会有专门的技术支持部门和岗位,负责运营平台的开发、维护和优化。

（2）数据管理:网络货运企业依靠互联网平台进行数据的收集、分析和运输信息的共享。因此,可能会有数据管理和分析团队,对运输数据进行统计和分析,以提供更好的服务和决策支持。

（3）平台运营:网络货运企业通常提供一个在线平台,以连接货主和物流公司。因此,在组织架构上可能会设置运营管理部门,负责平台的运营和管理。

（4）综合服务能力：传统运输企业通常只提供货物的运输服务，而网络货运企业在平台上会提供更多的综合服务，如货物配送、仓储管理、保险等。因此，在组织架构上可能会有相应的部门和岗位来负责这些服务。

（5）营销推广方式：网络货运企业注重网络推广，借助互联网技术实现更广泛、精准、高效的企业品牌推广。因此，在组织架构上可能会有专门负责市场拓展的部门和岗位。

总体来说，网络货运企业的组织结构更加注重技术驱动、数据管理和平台运营，以及提供全方位的综合服务和良好的客户体验。

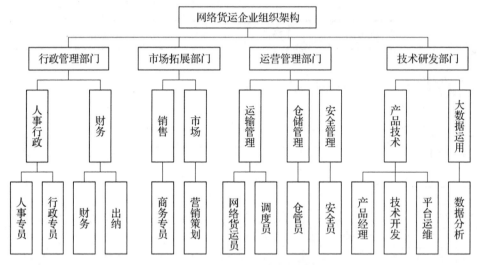

图 2-6　网络货运企业组织结构

网络货运企业的组织结构是一种比较典型的网络型组织架构，基于信息技术和协作平台的组织结构形式，强调跨部门协作、信息共享和灵活的工作流程。网络型组织架构通过数字化技术和网络平台来促进组织内外部的沟通、协作和协调，使组织更加灵活、适应性更强、创新能力更强。

网络型组织架构的主要特点包括以下几点。

（1）扁平化：网络型组织架构通常具有较少的层级和管理层，弱化传统的垂直指挥结构，提倡自主性和责任感。

（2）去中心化：网络型组织架构弱化了中央决策和控制，鼓励员工参与决策和自主管理，使组织更加灵活和快速响应变化。

（3）信息共享和透明：网络型组织架构通过数字化技术和协作平台，促进信息的共享、透明，使得各部门和员工之间能够更有效地共同工作。

（4）跨部门协作：网络型组织架构打破了传统的部门壁垒，鼓励不同部门之间的协作和交流，促进知识和经验的共享，提高组织的整体绩效。

任务 2.2　网络货运企业部门和岗位设置

企业的组织架构基本上确定了。此时，小白又思考：这些部门的工作任务是什么？这些岗位的工作职责是什么样的？

请根据小白的问题，通过下面知识点的学习，并查询相关资料，思考如何建立网络货运企业的岗位职责体系。

2.2.1　网络货运企业部门设置

1. 行政管理部门

（1）制定和完善企业的行政管理制度、规章制度和流程，确保企业运行的秩序和效率。

（2）组织和协调企业内部的各项行政管理工作，包括人员招聘、培训、考勤、薪资管理等。

（3）负责企业的固定资产管理和办公设备的采购、维护与更新。

（4）负责企业的安全管理，包括制定安全制度、安排安全培训、组织应急预案等。

（5）负责企业的行政文档管理，包括文件的存档、归档、传阅等。

（6）组织和协调企业内部的会议、活动，包括会议安排、场地布置、资料准备等。

（7）负责企业的办公用品采购和消耗品管理。

（8）维护企业内部员工关系，处理员工的工作纠纷和投诉。

（9）负责与相关部门或机构的沟通和协调，处理日常行政事务。

2. 市场拓展部门

（1）市场调研与分析：负责对物流市场进行调研，了解市场需求和竞争环境，收集和分析相关数据，为制定市场销售策略提供参考和支持。

（2）市场定位与市场推广：根据市场调研结果，确定企业的市场定位和目标客户群体，并制定相应的市场推广策略，通过广告、宣传等手段提高企业知名度和美誉度。

（3）物流解决方案设计：根据客户需求，设计出符合其要求的物流解决方案，包括货物运输、仓储管理、供应链优化等，提供个性化的物流方案。

（4）客户关系管理：建立和维护与客户的紧密关系，积极沟通并提供专业的服务，以增强客户满意度和忠诚度，使客户成为长期合作伙伴。

（5）销售团队管理：负责招聘、培训和管理销售团队，制定销售目标、销售计划和绩效评估机制,提升销售人员的专业素养和技能,提高销售团队的整体业绩。

(6)合作伙伴关系管理:与各类合作伙伴建立稳固的合作关系,包括供应商、代理商、第三方物流服务商等,以共同发展和提供优质的物流服务。

(7)报价和合同谈判:负责对客户进行报价和合同谈判,确保合同条款符合公司的利益,同时满足客户需求,促成合作达成。

(8)与其他部门的协调合作:与公司的运营、物流、仓储等部门进行紧密协作,确保销售活动的顺利进行,并提供高质量的物流服务。

3. 运营管理部门

(1)运输管理:制定和执行物流运输计划,包括货物调度、运输路线规划、运输工具选择等,确保货物按时、安全地运输到目的地。

(2)运营成本控制:监控和控制物流运营成本,包括运输成本、人工成本、仓储成本等,通过合理资源配置和成本管理,提高物流运营效益。

(3)订单管理:负责接收客户订单,与供应商协调货物采购和交付安排,确保及时、准确地满足客户需求。

(4)运力管理:管理和优化物流运输的运力资源,包括运输工具的调度和配备、运力的合理利用、运力资源的扩展与合作等,确保物流运输的高效运作。

(5)管理信息系统:建立和维护网络货运管理信息系统,包括运输管理、订单管理、货物追踪等,实现物流信息的记录、交流和分析,提高运营效率和决策能力。

(6)运营流程优化:评估和优化物流运营流程,提出改进方案,降低运输时间、提高效率,减少资源浪费和成本支出。

(7)运输安全管理:建立和执行物流运输安全管理系统,包括危险品管理、运输工具安全检查、司机培训等,保障运输过程中的安全性和合规性。

(8)仓储管理:负责仓库的规划、布局和运作,包括仓库设计、货物存储和出入库管理,以确保仓库的高效运转和货物的安全保管。

(9)绩效评估和分析:监测和评估物流运营绩效指标,包括运输效率、运输准时率、客户满意度等,通过数据分析和绩效评估,发现问题和改进措施,提高运营效果。

(10)人员管理和培训:负责招聘、培训和管理物流运营团队,建立激励机制和绩效评估体系,提升团队的专业素养和工作能力。

(11)客户关系管理:与客户保持紧密合作和沟通,理解客户需求,解决问题,加强合作关系,提供优质的物流服务,实现客户满意度和客户忠诚度。

4. 技术研发部门

(1)系统开发:技术研发部门负责开发网络货运企业所需的信息系统和平台,包括订单管理系统、运输调度系统、数据分析系统等,以支持企业的运营管理和业务发展。

(2)产品设计和改进:技术研发部门需要持续关注市场需求和竞争对手的动态,通过市场调研和用户反馈,设计和改进网络货运企业的产品,提供更好的用户体验和功能。

（3）技术创新与应用：技术研发部门需要不断进行技术创新，探索新的技术应用，如物联网、大数据、人工智能等，以提升网络货运企业的运营效率和服务质量。

（4）数据分析和挖掘：技术研发部门负责数据的收集、存储、分析和挖掘，通过对大数据的处理和分析，提供运营决策的支持，发现潜在的商业机会和优化运营的方式。

（5）安全与隐私保护：技术研发部门需要关注网络货运企业的数据安全和隐私保护，开发和维护相应的安全措施和系统，以保障用户和企业的信息安全。

（6）技术支持和培训：技术研发部门需要提供对内部员工和客户的技术支持和培训，解决技术问题，提供技术指导，帮助员工和客户更好地使用和理解企业的技术产品。

（7）合作伙伴关系管理：技术研发部门还需要与合作伙伴（如第三方软件开发公司、物流服务提供商等）建立紧密的合作关系，共同推进技术创新和项目开发。

（8）标准与规范制定：技术研发部门负责制定和更新网络货运企业的技术标准与规范，确保技术研发工作的规范性和一致性，提高系统的稳定性和可靠性。

2.2.2 网络货运企业岗位职责

1. 人事专员

（1）招聘与录用：负责制定并执行招聘计划，发布招聘信息，筛选简历，安排面试，参与面试评估，与部门经理协商并完成录用程序。

（2）员工入职与离职管理：负责新员工的入职手续办理，包括签订劳动合同，办理社保、公积金等相关手续。同时，处理员工离职手续，如办理离职手续、结算工资等。

（3）员工档案管理：负责员工档案的建立、归档和维护，包括个人信息、合同、培训记录、绩效评估等。

（4）员工培训与发展：组织和协调员工培训计划，包括内部培训、外部培训和岗位培训。同时，关注员工的职业发展需求，提供相关的发展机会和建议。

（5）绩效管理：参与绩效考核体系的建立和执行，协助上级主管进行绩效评估，提供绩效数据和报告。

（6）员工关系管理：处理员工的问题和投诉，维护良好的员工关系，提供必要的支持和咨询。

（7）薪酬福利管理：负责薪酬福利政策的执行，包括薪资核算、社保公积金缴纳、奖金发放等。

（8）法律法规遵从：了解劳动法律法规，确保企业的人事管理符合相关法律法规的要求。

2. 行政专员

（1）办公室管理：负责办公室日常运营管理，包括设备设施的维护和管理、办公用品的采购和库存管理、办公环境的整洁和安全等。

（2）文件和资料管理：负责文件和资料的归档、整理和管理，确保文件的安全性和易查性。

（3）会议和活动组织：协助组织和安排会议、培训和其他活动，包括会议室预订、会议材料准备、会议记录等。

（4）行政支持：为公司员工提供行政支持，包括行程安排、差旅预订、会议安排、文件处理等。

（5）办公流程优化：参与办公流程的优化和改进，提出相关建议并协助实施，提高工作效率和质量。

（6）合同管理：负责合同的起草、审核和管理，确保合同的合规性和及时性。

（7）公司对外联络：负责与外部合作伙伴、政府部门等的联络和沟通，维护良好的合作关系。

（8）行政支出管理：负责行政支出的预算编制和控制，协助财务部门进行费用核算和报销。

（9）其他行政事务：协助处理其他行政事务，如员工考勤管理、车辆管理、办公室安全管理等。

3. 财务

网络货运企业的财务工作主要在资金管理、成本管控、应收应付管理、市场竞争和保险管理等方面。

（1）大额资金流动：网络货运企业通常需要支付大额资金来购买货车、仓储设施和网络平台。此外，运营过程中还需要支付大量的油费、人工成本和供应商费用等。因此，网络货运企业需要管理大量的资金，并确保资金的流动性。

（2）成本管控的复杂性：网络货运企业的成本主要包括燃油成本、人工成本、车辆维护和保险费用等。受运输距离、货物种类和路况等因素的影响，成本管控变得非常复杂。财务人员需要监控和控制成本，以确保企业的盈利能力。

（3）多方面的应收应付管理：网络货运企业涉及多方的应收应付款项，包括向客户收取运输费用、支付供应商费用、支付员工工资等。财务人员需要妥善管理这些款项，确保及时收款和付款，以维护企业的信誉和资金流动。

（4）市场竞争和价格变动：网络货运行业竞争激烈，价格变动大，企业需要不断调整运输费用以适应市场需求。财务人员需要密切关注市场变化，及时调整价格策略，以确保企业的竞争力和盈利能力。

（5）运输风险和保险管理：网络货运企业面临各种运输风险，如车辆事故、货物损失或损坏等。因此，企业需要购买相应的保险来管理这些风险。财务人员需要制定合理的保险策略，确保企业在面临风险时能够进行及时的索赔和补偿。

（6）合规管理：因为网络货运在物流组织形式上具有一定的特殊性，加上行业内存在地方性的税收优惠差异，如果经营者不对信息流、合同流、运输流、资金流、票据流严格把关,就有可能出现业务数据不真实、企业涉嫌虚开发票的风险。因此,网络货运企业的财务要遵循相关法律法规和会计准则,确保平台业务数据的"五流合一"。

4. 出纳

(1) 资金管理:负责公司资金的日常管理和监控,包括现金、银行存款、支付宝、微信支付等各种资金的收付、调拨和结算。

(2) 银行业务处理:负责与银行的日常业务往来,包括办理存款、取款、转账、支票兑现、银行对账等。

(3) 财务报表处理:负责收集、整理和处理相关财务数据,准备财务报表,如现金流量表、银行对账单、资金预算等。

(4) 费用报销管理:负责员工费用报销的审核和处理,确保费用报销的合规性和准确性。

(5) 票据管理:负责公司票据的管理和登记,包括发票、收据、支票等的开具、归档和保管。

(6) 税务管理:负责税务事务的处理,包括税金的计算、申报和缴纳,确保公司的税务合规。

(7) 财务审计协助:协助财务部门进行内外部审计工作,提供相关的财务数据和报告。

(8) 资金预测和预算:参与资金预测和预算的编制,协助管理层进行资金规划和决策。

(9) 财务制度和流程优化:参与财务制度和流程的优化和改进,提出相关建议并协助实施,提高财务管理效率和准确性。

(10) 其他财务相关工作:协助处理其他与财务相关的工作,如财务数据分析、财务软件的使用和维护等。

5. 商务专员

网络货运企业商务专员的主要职责是寻找新客户,洽谈和签约合作,维护客户关系,拓展业务和推广产品,与合作伙伴进行协调与管理,分析市场竞争和制定对策,以实现企业销售目标和提供满意的物流服务。

(1) 寻找新客户:通过市场调研和分析,寻找新的潜在客户,开拓市场和客户资源,寻求合作机会,扩大业务范围和市场份额。

(2) 客户洽谈与签约:与潜在客户进行沟通、洽谈和交涉,了解其物流需求和要求,提供专业的物流解决方案,谈判合作协议和签署合同。

(3) 客户关系维护:与现有客户保持良好的合作关系,定期进行回访和客户满意度调查,解决客户问题和需求,提供优质的售后服务,争取客户的长期合作。

(4) 价格与谈判:根据客户的运输需求进行报价和价格谈判,确保价格与成本的合理性,同时满足客户的需求和价格敏感度。

（5）业务拓展与推广:根据市场和客户需求,不断开拓新的物流服务和业务领域,进行产品推广和市场营销,提高企业的知名度和市场份额。

（6）合作伙伴管理:与物流供应商、运输公司、仓储服务商等合作伙伴进行合作和协商,建立稳定的合作关系,确保协调配合,提供优质的整体物流解决方案。

（7）销售数据报告和分析:收集和整理销售数据,进行销售业绩分析,编制销售报告,及时向管理层汇报销售情况和趋势,为业务决策提供参考。

（8）内外部沟通与协调:与企业内部其他部门如运营、技术、仓储等部门进行紧密沟通和协调合作,实现流程的顺畅和提供高效的物流服务。

6. 营销策划

网络货运的经营者需要依托互联网平台整合配置运输资源来开展物流运输业务,一方面可以不受地域限制,通过互联网招集全国运力来承接线上业务;另一方面则要考虑采用营销推广的方式打开市场,打造网络货运平台的品牌形象,提升其知名度。因此,许多网络货运企业会专门设置营销策划岗位,专门负责推广网络货运平台,为销售目标服务。营销策划的主要工作职责包括以下几点:

（1）市场调研与分析:对网络货运行业的市场进行深入调查和分析,了解市场动态、竞争对手、目标客户群体等,为制定营销策略提供依据。

（2）营销策略制定:根据市场调研结果,结合企业的定位和发展目标,制定营销策略,包括目标市场选择、市场定位、产品定价、营销渠道选择等方面。

（3）产品推广和品牌建设:设计并策划市场推广活动,通过各种渠道和媒体进行产品宣传,提高网络货运平台的知名度,吸引潜在客户。

（4）数据分析与报告汇总:收集和分析市场销售数据,包括客户需求、产品竞争力、销售情况等,跟踪和分析竞争对手的市场动向和营销策略,制定相应的市场对策,向管理层提供市场反馈和建议。

7. 网络货运员

2022年9月28日,人力资源和社会保障部发布《中华人民共和国职业分类大典》(2022年版),网络货运员(职业编号:4-02-02-04-003)成为新职业工种。

网络货运员是指在网络货运经营活动中,从事承运管理、客户服务、信息服务,并组织进行订单受理、业务跟踪、费用结算、信息处理的人员。其具体工作任务包括以下几个方面。

（1）实施网络货运承运商管理与评估

A. 筛选与选定承运商/实际承运人:根据企业的货物运输需求和要求,对潜在的承运商/实际承运人进行筛选评估,包括其信誉度、经验、运力、服务范围和价格等方面,最终选定合适的承运商/实际承运人。

B. 业绩评估与监控:定期或不定期对承运商/实际承运人的服务水平进行评估和

监控,包括货物运输的准时性、完整性、安全性和运输成本等方面的考核,为企业的决策提供参考依据,确保承运商/实际承运人达到或超出预期的服务水平。

C. 风险管理:对承运商/实际承运人的风险进行评估和管理,包括评估其运力稳定性、健全的保险制度、危险品运输能力等,以保护企业的货物安全。

D. 问题解决与改进:对承运商/实际承运人出现的问题进行处理,如货物损坏、延误等,并与承运商/实际承运人一起寻找解决方案,确保问题得到及时解决,同时对问题进行总结和改进,以提高承运商/实际承运人的整体服务质量。

(2) 组织网络货运业务受理与实施

A. 业务受理:接受客户的货物运输需求,包括货物种类、数量、目的地等信息,通过网络货运系统进行登记和记录。

B. 运输计划制定:根据客户的要求和企业的资源情况,制定合理的运输计划,包括选择适当的承运商/实际承运人、确定运输路线和安排运输时间等。

C. 货物装载与包装:根据货物的性质和要求,组织货物的装载和包装工作,确保货物在运输过程中的安全和完整。

D. 文件与手续处理:完成货物运输所需的文件和手续,包括货物的报关和报检、运输合同的签署等,以确保运输合法合规。

E. 跟踪与监控:通过物流系统或其他追踪工具,及时跟踪货物的运输状态和位置,并进行监控,确保货物按时到达目的地。

F. 问题处理与客户服务:在货物运输过程中出现问题时,及时与客户沟通,解决问题,确保货物的顺利运输。同时,提供优质的客户服务,回答客户的咨询和需求,建立良好的客户关系。

G. 运输数据记录与分析:对货物运输过程中的数据进行记录和整理,包括运输时间、费用、里程等信息,为业务分析和决策提供参考依据。

H. 质量控制与持续改进:监控货物运输过程中的质量,包括准时性、货物完整性和安全性等,同时通过持续改进来提高业务流程和服务质量。

(3) 进行网络货运业务结算与成本管理

A. 运费计算:根据货物的数量、重量、体积、运输距离等因素,计算货物的运输费用,并确保结算方式与客户的要求相符,例如预付款、货到付款、月结等。

B. 账务管理:建立和维护货运业务的账务系统,包括客户账户、供应商账户、费用账户等,记录和核对各项收支情况,确保账务的准确性和完整性。

C. 发票开具与核对:根据运输合同和相关协议,按时开具运输发票,并进行核对,确保发票的准确性和合规性。

D. 成本控制:对货物运输过程中产生的成本进行控制与管理,包括人力成本、运输成本、油费、维修费等,确保成本控制在合理范围内。

E. 成本分析与优化:对货物运输过程中的各项成本进行分析和报告,包括成本构成、成本变动原因、成本效益等,为业务决策提供参考依据。定期对货物运输业务的成本进行优化控制,包括物流流程改进、运输路线优化、节约能源等,以降低成本并提高效益。

F. 运输费用结算:按照运输合同和相关协议,及时结算承运商/实际承运人的运输费用,确保支付准确无误。

（4）进行网络货运信息审计与资质管理

A. 信息审计:对网络货运业务中涉及的信息进行审计,包括货物运输信息、结算信息、发票信息等,确保信息的完整性、准确性和合规性。

B. 运输合同管理:对网络货运业务的运输合同进行管理,包括合同的签订、履行和解除,确保合同的合规性和有效性。

C. 运输单据管理:对网络货运业务中的运输单据进行管理,包括装车单、送货单、收货单、签收单等,确保单据的真实性和合规性。

D. 承运商/实际承运人资质管理:对网络货运业务的承运商/实际承运人进行资质管理,包括注册资质、运输许可证、车辆行驶证、司机个人驾驶证等,确保承运商合法经营和资质的有效性。

E. 法律合规性管理:对网络货运业务进行法律合规性管理,包括遵守相关法律法规、合同约定、行业规范等,确保业务的合法合规运营。

（5）提供网络货运技术咨询和技术服务

A. 系统规划和设计:根据客户需求进行网络货运系统的规划和设计,包括系统架构、功能模块、数据流程等,确保系统满足业务需求。

B. 技术选型和集成:根据客户需求和预算,进行网络货运系统中涉及的技术选型,包括硬件设备、软件工具、数据库等,同时负责系统的集成和部署。

C. 网络货运资质申报咨询:为客户提供网络货运资质申报的流程辅导和咨询答疑,帮助客户在获取网络货运经营资质的过程中少走弯路、快速下证。

D. 用户培训和技术支持:为客户提供网络货运系统的培训和技术支持,包括系统使用指导、故障排除、问题解答等,确保客户能够熟练使用系统,并及时解决技术问题。

8. 调度员

网络货运企业通常要对接和管理大量的外协运力,需要花费较大精力来寻找车源承接业务,根据订单的运输路线和货物重量进行合理的车辆调配、货物配载和线路规划,并且确保在运输过程中保持跟踪,因此很多企业在实务中会把运输管理工作进行职责拆分,指派专人负责外协运力的管理和调度。网络货运企业调度员的主要工作职责包括以下几个方面。

① 运力积攒和资质管理:负责联络车源和司机,形成充足的企业运力池,以便在需要的时候进行调度。收集和管理司机、车辆资质,对资质进行把关和审核,确保提供合格的运力。

② 车辆调度与安排:负责对外协车辆资源进行管理,根据需求和车辆状态合理安排车辆的调度和配备,同时协调驾驶员的排班和休息,确保运输效率和驾驶员的安全。

③ 运输合同的签订和管理:调度员负责与司机进行沟通,商讨运输细节和合同条

款,确保运输合同的签订和履行。

④ 路况和货物跟踪:调度员负责实时监控路况和货物的运输情况,通过 GPS 定位系统等工具跟踪货物的位置和状态,及时调整路线和运输计划,以应对突发情况和保证货物的安全交付。

⑤ 运输成本管理:调度员需要对运输成本进行管理和控制,包括燃料费用、人工成本、车辆维修费用等,在确保服务质量的前提下尽量降低运输成本,提高运营效益。

9. 仓管员

仓管员的主要工作是保障仓库的正常运转,提高物流效率,减少货物损失和遗漏,同时提供准确的库存数据和仓库服务。其主要职责包括以下几个方面。

① 库存管理:仓管员负责对仓库内的物品进行清点、记录和管理,包括收货、出货、入库、出库等操作,确保库存数量和质量。

② 进出货物的验收与质量检查:仓管员负责对进出仓库的货物进行验收和质量检查,确保货物的完好无损,及时发现和处理货物的质量问题。

③ 货物储放与分配:仓管员根据货物的特性和储存要求,合理规划货物的储放位置,并及时调配和分配库存,确保货物的安全和有效利用仓库空间。

④ 仓库设备和工具的维护:仓管员负责保养和维修仓库内的设备和工具,确保其正常运行,提高工作效率。

⑤ 仓库安全和环境管理:仓管员负责仓库的安全和环境管理,包括制定并执行安全操作规范、防火、防盗等安全措施,确保仓库安全运营。

⑥ 库存数据的记录和报告:仓管员负责记录和整理库存数据,并根据需要提供库存报告、出入库报告等,为企业决策和客户查询提供支持。

⑦ 协调物流配送:仓管员需要与物流配送人员进行协调,保证货物按时、准确地配送,与客户进行良好的沟通和协作,满足客户的需求。

10. 安全员

网络货运本质上是道路货物运输,但因为涉及互联网平台工具,所以企业中的安全员角色除了对物流运作的安全保障负责外,还要负责网络货运平台的网络安全。其具体职责主要包括以下几个方面。

① 制定并贯彻安全规章制度:制定、修订和完善企业的安全管理制度和标准,确保员工遵守安全规章制度,建立合理、科学的安全管理体系。

② 安全教育和培训:组织开展员工安全教育和培训,提高员工的安全意识和应急响应能力,确保员工健康安全。

③ 安全监察和检查:进行现场安全监察和检查,发现和纠正安全隐患,保障物流运作的安全可靠性,及时采取措施解决安全风险。

④ 安全监控和漏洞修复:监控公司的网络安全状况,及时发现和处理安全事件,确保网络系统的正常运行。负责安全漏洞的修复和防护措施的制定,组织相关部门对网

络系统进行安全测试和审计,及时修复和更新安全补丁。

⑤ 安全事故调查和处理:负责对物流运作中发生的安全事故进行调查和处理,分析安全事故的原因,提出改进建议,以减少类似事故再次发生。

⑥ 安全风险评估和预防:进行安全风险评估,对可能存在的安全风险进行预防和控制,提出相应的安全管理措施,保障物资、设备和人员的安全。

⑦ 安全报告和记录:编制和提交安全报告,定期整理和归档安全相关记录,跟踪安全工作进展情况。

⑧ 安全技术支持:提供安全技术支持和咨询服务,为企业的安全管理工作提供专业指导和建议,推动安全管理水平的提升。

11. 产品经理

网络货运平台的产品经理要承担从平台产品策划到推广营销、用户反馈到产品迭代等一系列工作,以实现平台的成功与持续发展。其主要职责包括以下几个方面。

① 产品策划与规划:负责根据市场需求和竞争对手情况,制定平台产品的发展战略和规划,包括产品的定位、功能设计、版本迭代等。

② 用户需求分析:与用户进行沟通和交流,了解用户需求,收集用户反馈和意见,分析数据,挖掘用户潜在需求,以及得出相应的产品改进方向。

③ 产品功能设计与优化:负责平台产品功能的设计与改进,根据用户需求和市场情况,提供解决方案,制定产品的功能规划和设计原则,保证产品的用户体验和功能的可用性。

④ 项目管理与推进:负责产品需求的调研和整理,制定产品开发时间表和计划,协调开发团队,推进产品开发进度,确保产品按时上线。

⑤ 竞品分析与市场调研:对竞争对手的产品进行分析和比较,深入研究市场趋势,了解行业发展动态,为产品定位和创新提供参考。

⑥ 产品测试与优化:参与产品的测试工作,发现和解决产品中出现的问题,确保产品的功能和性能达到预期,不断优化产品,提升用户体验。

⑦ 产品推广与运营支持:与市场营销团队合作,制定产品推广策略和计划,提供相关市场支持材料和培训,协助销售团队与客户进行沟通和交流。

⑧ 数据分析与反馈:根据用户使用数据和反馈,进行数据分析和监测,评估产品的用户满意度和市场表现,提供产品改进和优化的建议。

12. 技术开发专员

网络货运平台的技术开发主要负责设计、开发和维护网络货运平台的各个技术模块,以实现平台的高效运行、数据处理和用户体验。其主要职责包括以下几个方面。

① 架构设计:根据货运平台的业务需求和规模,设计高可用、可扩展、可靠的系统架构,包括前端、后端和数据库的架构设计。

② 用户端开发:负责开发用户端的移动端和 Web 端应用,实现网络货运要求的各

项功能,提供优良的用户体验。

③ 司机端开发:开发司机端的移动端应用,提供司机接单、导航、签到等功能,实现货运过程的全程管理和监控。

④ 后台管理系统开发:开发管理后台,提供数据统计分析、运营管理、用户权限管理等功能,方便平台运营和管理。

⑤ 第三方接口集成:整合第三方接口,如支付接口、地图导航接口等,增加平台的功能和服务。

⑥ 数据库设计与优化:设计和优化平台的数据库结构,确保数据的安全性和一致性,并进行性能优化,提高数据处理效率。

⑦ 数据挖掘和推荐系统:利用大数据技术,分析用户行为和需求,实现货源匹配和货物推荐等智能化功能,提升用户体验。

⑧ 系统安全和隐私保护:负责平台的安全防护和隐私保护,包括用户身份验证、数据加密、防止黑客攻击等。

⑨ 技术创新和研发:跟进最新的技术趋势和发展,进行技术创新和研发工作,提升平台的竞争力和用户体验。

⑩ 故障排除和维护:监控平台运行状态,及时解决系统故障和问题,对平台进行维护和升级,确保平台的稳定运行。

13. 平台运维员

网络货运平台运维人员需要保证平台系统的稳定运行和高可用性,及时解决故障和问题,优化系统性能,保护系统安全,并与开发团队和用户紧密合作,提供技术支持和解决方案。其主要职责包括以下几个方面。

① 系统运维:负责网络货运平台系统的部署、配置和维护,确保系统的稳定运行和高可用性。

② 故障处理:及时发现和解决网络货运平台系统的故障和问题,包括服务器故障、数据库异常、网络连接问题等,保障系统的正常运行。

③ 性能监控:对网络货运平台的服务器、数据库、网络等关键部分进行监控,及时发现和解决性能瓶颈和异常情况,保证系统的高效运行。

④ 安全管理:负责网络货运平台的安全管理工作,包括数据备份和恢复、防火墙配置、安全漏洞扫描和修复等,保护系统的安全性和用户信息的保密性。

⑤ 资源优化:优化网络货运平台的资源利用,包括服务器资源的合理分配、数据库的性能优化、网络带宽的调整等,提高系统的承载能力和响应速度。

⑥ 系统更新和升级:负责网络货运平台系统的更新和升级工作,测试新版本的稳定性和兼容性,并进行系统的数据备份和恢复,确保更新过程顺利进行。

⑦ 问题沟通和解决:与开发团队和用户进行及时的沟通和协调,收集用户反馈和需求,解答用户的问题和疑问,提供技术支持和解决方案。

14. 数据分析员

网络货运企业的数据分析员需要通过数据分析和建模,为企业提供物流运营的优化策略和决策支持,促进物流效率提升和成本降低。其主要职责包括以下几个方面。

① 数据收集和清洗:负责对网络货运平台的业务数据进行数据清洗和整理,确保数据的准确性和完整性。

② 数据分析和建模:利用统计学和机器学习算法对物流数据进行分析和建模,提取有价值的信息和洞察,帮助企业优化物流运营和决策。

③ 报告和可视化:根据分析结果,撰写报告并进行数据可视化,以方便管理层和决策者理解和利用分析结果。

④ 预测和优化:基于历史数据和模型,进行物流需求的预测,为企业提供合理的物流规划和优化方案,提升物流效率和降低成本。

⑤ 数据监控和故障排除:负责对物流数据进行实时监控,及时发现异常情况和故障,并进行问题排查和解决,以保证数据的准确性和可靠性。

⑥ 与其他团队的合作:与业务团队、技术团队等密切合作,理解业务需求,提供数据支持和解决方案,并进行沟通和协调。

任务 2.3 网络货运平台管理信息系统

工作任务 ▶▶▶▶▶▶▶▶▶▶▶

网络货运企业如此多的部门和岗位,对于协调和传递信息的效率要求极高,因此必须依靠平台管理信息系统进行管理。小白公司目前的情况:公司仅拥有 2 台 4.2 米厢式货车,但是小白之前积累了大量生产和零售企业的货源客户,目前苦于现有运力无法满足客户的运输需求。此时,小白思考的问题:公司需要什么样的网络货运平台管理信息系统? 该系统与传统的 TMS 有什么区别?

请根据小白的问题,通过下面知识点的学习,并查询相关资料,思考绘制小白公司网络货运平台管理信息系统的功能结构图。

2.3.1 网络货运平台与 TMS 的区别

网络货运通过互联网平台开展货运业务,其依托的互联网平台的定位和功能非常重要。网络货运平台与传统运输企业的管理信息系统(TMS)有本质的区别,主要体现在四个方面。

1. 功能范围不同

网络货运平台主要是为货主、承运商和物流服务提供商提供在线货物运输服务,包括货物发布、货物匹配、报价、订单管理等功能。而 TMS 则是一个更全面的运输管理系统,覆盖运输过程中的计划、执行、跟踪和分析等环节,包括订单管理、运输计划、装载优化、运输执行、跟踪追踪、费用管理等。

2. 使用对象不同

网络货运平台主要面向货主、承运商和物流服务提供商,帮助他们在一个平台上进行货物运输的交易和管理。TMS 则主要面向物流运输公司和大型企业,提供全面的运输管理功能,帮助他们实现可视化、协同化和智能化的运输管理。

3. 数据集成能力不同

TMS 通常具有与各种企业资源计划(ERP)或其他企业系统进行数据集成的能力,可以实现订单、库存、客户等数据的实时同步,主要满足企业内部运输管理需求,其功能侧重于节点信息的记录。而网络货运平台通常不具备这种数据集成能力,主要满足货运电商功能,使物流服务变成一种可在线购买的服务。

4. 服务模式不同

网络货运平台一般以平台服务的方式提供,由平台负责提供和维护系统、管理用户的注册和认证、确保信息的安全和可靠性等。而 TMS 一般是由企业自建或购买私有化部署的,可以根据企业的需求进行灵活的定制和配置。

综上所述,网络货运平台主要是通过提供在线的货物运输服务,简化货主、承运商和物流服务提供商之间的货运交易。优势在于上下游信息透明,高效协同,网络链接资源,各种平台增值服务;劣势在于平台要具备广泛性和适应化,不一定能满足企业的个性化需求。TMS 则是一个更全面的运输管理系统,涵盖了订单管理、运输计划、装载优化、运输执行等多个环节,帮助企业实现运输流程的协同和优化。优势在于可以贴合企业实际业务做定制化,功能细致,容易上手;劣势在于仅限于企业内部使用,无法帮企业链接资源、降本增效。

2.3.2 网络货运平台的功能定位

网络货运平台按照《网络平台道路货物运输经营管理暂行办法》的相关要求,必须具备信息发布、线上交易、全程监控、金融支付、咨询投诉、在线评价、查询统计、数据调取等八大基本功能。

1. 信息发布

网络货运经营者依托网络平台为托运人,实际承运人提供真实、有效的货源及运力信息,并对货源及车源信息进行管理,包括但不限于信息发布、筛选、修改、推送、撤回等功能。

2. 线上交易

网络货运经营者应通过网络平台在线组织运力,进行货源、运力资源的有效整合,实现信息精准配置,生成电子运单,完成线上交易。

3. 全程监控

网络平台应自行或者使用第三方平台对运输地点、轨迹、状态进行动态监控,具备对装货、卸货、结算等进行有效管控的功能和物流信息全流程跟踪、记录、存储、分析能力;应记录含有时间和地理位置信息的实时行驶轨迹数据;宜实时展示实际承运驾驶员、车辆运输轨迹,并实现实际承运人相关资格证件到期预警提示、违规行为报警等功能。

4. 金融支付

网络平台应具备核销对账、交易明细查询、生成资金流水单等功能,宜具备在线支付功能。

5. 咨询投诉

网络平台应具备咨询、举报投诉、结果反馈等功能。

6. 在线评价

网络平台应具备对托运、实际承运人进行信用打分及评级的功能。

7. 查询统计

网络平台应具备信息查询功能，包括运单、资金流水、运输轨迹、信用记录、投诉处理等信息分类分户查询以及数据统计分析的功能。

8. 数据调取

网络平台应具备交通运输、税务等相关部门依法调取数据的条件。

2.3.3 网络货运平台的系统集成

网络货运平台是一套基于物联网技术,利用大数据、云计算,配合物流供应链中业务需求,链接货主、物流承运商、司机和收货人的专业的物流协同管理系统。能让物流业务链上的各个环节真正做到无缝对接,从而改善物流过程管理,提升物流运营效率,达到降本增效的作用。平台的特点是各类系统集成,一站式全方位解决企业运输管理需求,实现物流各环节的数字化。除网络货运平台系统基本功能外,综合型功能定位网络货运平台主要集成的管理信息系统包括以下系统。

1. 物流运输管理系统

可实现在线下单,在线调车;车辆管控,运力积累运单跟踪,回单管理;运营分析,对账结算多角色分权限管理,支持多网点、集团化架构不同物流场景定制化解决方案。

2. 物流电商平台系统

货源发布,车货匹配;大数据分析,智能推荐车辆或货源;在线招标,在线竞标;合作伙伴线上协同,线上业务转包;在线交易,在线支付,流水凭证清晰可溯。

3. 物流供应链平台系统

货主、物流商、司机联动作业,平台化协同;全平台运力共享,快速整合社会运力;对接电子合同、金融保险等多种增值业务,平台集采降本增效。

4. 客户服务平台系统

客户扫码在线下单,方便快捷增强用户黏性;在线自助式查询,随时随地掌握货物的位置、状态和交接等信息;平台可实现业务咨询、问题处理、质量投诉和服务评价。

5. 财税优化服务平台系统

货车司机在运输服务过程中所产生的货车高速公路 ETC 发票、外协车司机运输专

1.《网络平台道路货物运输经营服务指南》
2.《网络平台道路货物运输服务规范》
3.《道路运输物流企业电子运单接口及单据规范》

用增值税发票,可以通过系统一键获取,且符合国家税收法律相关规定,节省货车司机大量时间和精力,同时解决货主增值税发票进项不足问题,降低运输物流成本。

		公司管理	运力管理	订单管理	运营管理	库存管理	财务管理	
TMS功能层	主打企业内部运输管理	组织管理 员工管理 权限管理	司机管理 车辆管理	下单计划 派发订单	运单受理 调度派车 提货送货 回单管理	出库入库 余量管理	应收应付核对 付款单管理 收支登记	
		合作伙伴	货源管理	派单跟踪	对账支付	投诉评价	增值服务	大数据
物流电商功能层	主打物流平台交易	上下游管理 平台运力引入 伙伴协同作业	货源发布 在线招投标	在线下单 在线接单 物流轨迹跟踪	上下游对账 在线支付	咨询投诉处理 司机评价 交易评价	在线投保 电子合同 服务商城 ……	智能推荐 历史均价 同业分析
		八大功能	监测推送	预监测	独立APP	费率配置		
网络货运功能层	主打网络货运经营	网络货运国标配置	司机车辆推送 运单推送 资金单推送	异常预警 问题数据拦截	SDK唯一标识 车辆轨迹推送	开票费率差异化配置		
		金融	保险	票务	三方服务	开放接口		
外接资源层	主打降本提效、增值赋能	在线支付 金融贷款 运费授信	车辆保险 货物保险 人身保险	ETC发票 司机运输发票	GPS车辆跟踪 OCR识别 电子合同 ……	API对接企业 自有系统 平台代码开源		

图2-7　综合型功能定位网络货运平台功能结构示意图

> **课程思政**

《关于进一步降低物流成市的实施意见》政策解读

《关于进一步降低物流成本的实施意见》

近日,国务院办公厅转发国家发展改革委、交通运输部《关于进一步降低物流成本的实施意见》,提出6方面24条具体举措,具有重要的积极意义。

一、进一步降低物流成本对于统筹防控和经济社会发展意义重大

物流业贯穿一二三次产业,衔接生产与消费,涉及领域广、发展潜力大、带动作用强。进一步降低物流成本对于深化供给侧结构性改革,提升物流业国际竞争力,进而推动经济发展方式加快转变具有重要意义。

一是持续深化改革,提升行业治理体系和治理能力现代化水平的重要举措。物流业各相关部门简政放权,优化服务,精简审批事项数量,完善证照和许可办理程序,优化设计行政审批流程,推进行政许可网上办理,大大提升了审批效率。推动物流信息共享开放,打通信息互联渠道,发挥信息共享效用。按照法治型服务型政府建设要求,针对大货车"超限""超载"等难题治理,深入推进治超联合执法常态化、制度化,严格执行全国统一的治超执法标准。

二是保民生,将以人民为中心的发展思想落到实处。近期,食品、家电等货类的运费金额同比上升,一定程度对终端消费品价格上涨构成了压力。在深化收费公路制度改革和高速公路电子不停车快捷收费改革的基础上,持续发力降低公路通行成本,对鲜活农产品运输执行"绿色通道"政策,切实降低了与人民群众生活消费相关的冷鲜猪肉等鲜活农产品运输成本。优化城市配送车辆通行停靠管理，改进通行管理工作，充分保障生活物资、医疗物资的城市配送及时、高效。

三是加大减税降费力度，助力市场主体纾困。在需求下降的情况下，部分地区出现了货少车多的现象，物流业市场主体收入下降明显，回款周期明显拉长，特别是中小物流企业面临严峻挑战。在落实物流领域已有税费优惠政策的基础上，对大宗商品仓储用地城镇土地使用税进行减半征收。对实行政府定价或政府指导价的收费项目，及时降低偏高收费标准，加强对收费行为监管，进一步为市场主体减负。

四是稳定产业链供应链，推进更高水平对外开放。面对外部环境变化，为促进外贸基本稳定，降低铁路航空货运收费，降低港口、检验检疫收费，对海运口岸收费进行专项清理整顿。对于在保障跨境运输发挥重要作用的中欧班列，继续优化班列运输组织，推进"点对点"向"枢纽对枢纽"转变，进一步降低开行成本。

二、进一步降低物流成本应以改善要素供给为突破口

长期以来，物流市场集中度低，市场竞争不规范，发展更多依靠低价竞争和低端要素供给，迫切需要加快推动物流要素成本降低，增加创新要素投入、提高要素配置效率，更好推动未来行业实现效率变革，进而实现高质量发展。

一是优化土地要素供给，保障物流用地需求。充分发挥市场在资源配置中的决定性作用，提高土地利用的集约性，促进物流要素集聚。对国家及有关部门、省（区、市）确定的国家物流枢纽、铁路专用线、冷链物流设施等重大物流基础设施项目，在建设用地指标方面给予重点支持。对提高自有工业用地或仓储地利用率、容积率并用于仓储、分拨转运等物流设施建设的，不再增收土地价款。

二是提高资金要素供给，拓宽融资渠道。物流行业在基础设施建设和货物流转等环节对资金周转需求大，依托核心企业、服务中小企业的金融服务须跟上，让综合资金成本下降，中小微企业贷款可获得性提高。加大中央预算内投资、地方政府专项债券对国家物流枢纽、国家骨干冷链物流基地等重大物流基础设施的支持力度。对于中小物流企业，鼓励规范发展供应链金融，加强对市场主体的信贷担保支持力度。

三是加强技术要素创新，发展智慧物流提高效率。推动基于信息技术的技术创新，实现物流活动全过程信息化智慧化。促进物流各环节融合互动，推动一体化集成创新，逐步打破了物流领域传统的组织边界和技术束缚，实现更大范围内的供应链体系整合，减少无效、低效物流活动，提升物流活动的运作效率。

三、进一步降低物流成本须加快体制机制改革创新

物流降本增效相关工作已经持续推进多年，取得了积极成效。进一步降低物流成本必须着力破解体制机制约束，让市场在物流要素配置中发挥决定性作用，促进生产生活秩序恢复，推动经济高质量发展。

一是进一步深化铁路运价改革，推进铁路货运市场化。铁路属于自然垄断行业，兼具商业和公共服务属性，定价机制进一步灵活，可以有效调整供给结构，满足多样化多层次的物流服务需求。在精简铁路货运杂费项目，推行大宗货物"一口价"运输的基础上，建立客观的成本测算分析和动态价格决策机制。对竞争环节的价格进一步放开，继

续扩大铁路运输企业市场化价格的调整空间,进一步增加铁路货运运价弹性。

二是推进多式联运,促进运输结构调整和效率提升。推进大宗货物运输"公转铁、公转水",深化运输结构调整,充分发挥铁路和水运比较优势,强化多式联运部门间协同联动机制。畅通多式联运枢纽节点"微循环",加强集疏运铁路和公路建设,强化重要枢纽节点与干线铁路、高等级公路和城市主干道等间的连接,提高干支衔接能力和转运分拨效率,打通多式联运枢纽节点"中梗阻"。加强铁路货运信息开放,培育多式联运经营人,推动多式联运"一单制"改革,实现"一次托运、一次收费、一单到底"。

三是推进物流基础设施网络建设,构建"通道+枢纽+网络"的物流运作体系。整合优化存量物流基础设施资源,避免物流设施"晒太阳"等空置现象,系统性降低全程运输、仓储等物流成本。针对民生短板,布局建设一批国家骨干冷链物流基地,降低冷链物流成本。加快综合交通运输体系建设,提升航空等高时效运输方式的货运能力,提高物流要素连接时速,为产业结构升级和区域协调发展提供支撑。加快国际物流供应链体系建设,保障产业链供应链安全。

四是强化部门"三互",进一步降低制度性成本。强化跨部门、跨区域协作,完善工作机制,实现"信息互换,监管互认,执法互助"。加强部门间资源共享共用和集中统筹,充分发挥监管资源的集聚效应,推进综合执法,形成管理合力,提高管理效能,实现单向管理向多元治理的转变。建立健全信息共享共用机制,建立信息全面交换和数据使用管理办法,依托国家和地方的物流公共信息平台,推动相关部门系统的横向互联,推进相关部门的"单一窗口"建设。进一步完善法规制度体系,对于新业态企业建立适用的事中事后监管体系。

五是完善物流业"营改增",减轻企业税负。进一步完善增值税抵扣政策和增加抵扣项,促进物流各环节增值税税率统一。针对交通运输进项税抵扣不足问题,研究推进落实将过路过桥费、房屋租赁费等纳入增值税抵扣范围。依托全国联网的ETC运营服务体系,按照车辆实际通行数据实现收费公路通行费增值税发票开具。对于在全国开展业务的"互联网+物流"新业态企业实施统筹缴纳,避免企业因各地税收优惠政策不同,而出现实际业务发生和公司运营"两张皮"现象。

来源:国务院发展研究中心市场经济研究所

 课后练习

一、单选题

1. 下列不是影响企业组织结构变化的影响因素是(　　)。

A. 技术进步　　　　B. 政策变化　　　　C. 经济危机　　　　D. 企业特征

2. 传统的生产制造行业企业倾向于采取哪种组织结构?

A. 直线制　　　　B. 职能制　　　　C. 事业部制　　　　D. 矩阵制

3. 下图属于哪种企业组织结构?

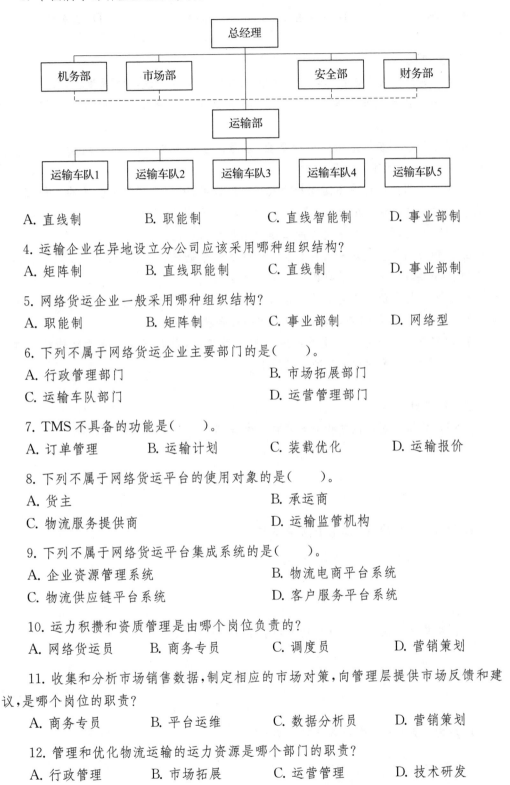

A. 直线制　　　　B. 职能制　　　　C. 直线智能制　　　D. 事业部制

4. 运输企业在异地设立分公司应该采用哪种组织结构?

A. 矩阵制　　　　B. 直线职能制　　　C. 直线制　　　　D. 事业部制

5. 网络货运企业一般采用哪种组织结构?

A. 职能制　　　　B. 矩阵制　　　　C. 事业部制　　　　D. 网络型

6. 下列不属于网络货运企业主要部门的是(　　)。

A. 行政管理部门　　　　　　　　B. 市场拓展部门

C. 运输车队部门　　　　　　　　D. 运营管理部门

7. TMS不具备的功能是(　　)。

A. 订单管理　　　B. 运输计划　　　C. 装载优化　　　D. 运输报价

8. 下列不属于网络货运平台的使用对象的是(　　)。

A. 货主　　　　　　　　　　　　B. 承运商

C. 物流服务提供商　　　　　　　D. 运输监管机构

9. 下列不属于网络货运平台集成系统的是(　　)。

A. 企业资源管理系统　　　　　　B. 物流电商平台系统

C. 物流供应链平台系统　　　　　D. 客户服务平台系统

10. 运力积攒和资质管理是由哪个岗位负责的?

A. 网络货运员　　B. 商务专员　　　C. 调度员　　　　D. 营销策划

11. 收集和分析市场销售数据,制定相应的市场对策,向管理层提供市场反馈和建议,是哪个岗位的职责?

A. 商务专员　　　B. 平台运维　　　C. 数据分析员　　D. 营销策划

12. 管理和优化物流运输的运力资源是哪个部门的职责?

A. 行政管理　　　B. 市场拓展　　　C. 运营管理　　　D. 技术研发

13. 网络货运员应该属于哪一个部门?

A. 行政管理　　　　B. 市场拓展　　　　C. 运营管理　　　　D. 技术研发

二、判断题

1. 直线制的优点是结构简单、权力集中、命令统一、决策迅速,管理幅度较大。　(　)

2. 采取直线制组织结构的运输企业,各层级领导只需要具备处理本部门工作的能力。　(　)

3. 采用职能制组织结构的运输企业,容易使管理不统一,造成对运输车队的多头管理,削弱了统一管理的力量。　(　)

4. 工作小组是由许多不同专长的人组合而成的,专门完成较为复杂的工作或涉及专业较多的工作的专门小组,这种企业组织形式是矩阵制。　(　)

5. 对接和管理大量外协运力的工作岗位是网络货运员。　(　)

6. 运输合同管理是对网络货运业务中的运输单据进行管理,包括装车单、送货单、收货单、签收单等,确保单据的真实性和合规性。　(　)

7. 成本分析与优化是对货物运输过程中产生的成本进行控制与管理,包括人力成本、运输成本、油费、维修费等,确保成本控制在合理范围内。　(　)

8. 跟踪与监控是通过物流系统或其他追踪工具,及时跟踪货物的运输状态和位置,并进行监控,确保货物按时到达目的地。　(　)

三、简答题

1. 网络货运企业组织架构的主要特点包括哪些?

2. 网络货运员的具体工作任务有哪些?

3. 网络货运企业安全员岗位的具体职责是什么?

4. 运费计算的依据和结算方式有哪些?

网络货运企业运力管理

2023年4月,中国物流与采购联合会发布了《2022年货车司机从业状况调查报告》,报告中指出司机自有车辆居多、背负车贷较为普遍。调查数据显示,74.92%的货车司机驾驶的车辆为自有车辆,其中41.53%的司机表示车辆目前仍处于偿还贷款的阶段,25.08%的司机驾驶车辆属于受雇企业或车队所有,较上年占比增加较多。调查数据显示,在自有车辆中,57.49%的车辆属于挂靠经营。相比于独立经营,挂靠司机相关经营成本较低,但是也面临一定责权分离风险。调查数据显示,一半以上(50.15%)货车司机表示没有稳定的货源;36.02%的货车司机有单边稳定货源;仅有11.36%的货车司机有双边稳定货源。在没有稳定货源的司机中,79.86%为自有车辆。其中60.68%的自有车辆仍在还贷过程中,84.87%为个体司机。在双边稳定货源的司机中,接近一半(48.7%)的司机为受雇司机,说明组织化的企业货源相对稳定。根据报告,司机自有车辆较多,此时小白考虑的是,如何使用网络货运平台管理信息系统,使这些社会运力整合到自己的网络货运企业中?

作为网络货运企业，小白公司需要运营管理大量的运输车辆，因此小白对网络货运企业和传统的物流运输企业进行调研，掌握网络货运企业对车辆和人员管理的要求。小白在管理公司车辆、人员时需要做哪些工作，才能保证企业运转同时降低经营风险。

请根据小白的问题，通过下面知识点的学习，并查询相关资料，掌握如何管理网络货运企业的运力。

3.1.1　网络货运与传统物流运力管理的差异

运力，是指在运输领域中所涉及的资源和能力，包括运营车辆、营运驾驶人员和陪护人员等。这些资源和人员在运输过程中发挥着重要作用，确保货物或乘客能够安全、准时地到达目的地。在道路运输行业中，运力是一个核心概念，它不仅关联到运输所需要的物理资源，如车辆和驾驶员，还涉及运输效率和能力的整体表现。

网络货运企业与传统物流企业在运力管理上有较为明显的区别，主要体现在以下几个方面。

（1）运力资源整合方式不同：网络货运企业不需要自建车队，而是通过互联网平台来整合运力资源，能够实现司机、车辆的快速匹配和调度，提高运输效率；而传统物流企业通常采用自营或加盟的方式，运力资源整合的范围有一定的局限性。

（2）运力调度方式不同：网络货运企业通过智能算法进行运力调度，能够实现运力的最优分配，提高运输效益；而传统物流企业通常采用人工调度，调度效率较低。

（3）运力管理效率不同：网络货运企业利用大数据和云计算等技术进行运力管理，能够实现实时监控和数据分析，提高运力管理效率；而传统物流企业通常采用人工管理，运力管理效率较低。

（4）运力成本控制不同：网络货运企业通过平台整合运力资源，可以降低企业自身的运力投入，从而降低成本；而传统物流企业由于自营或加盟的方式，需要投入大量运力资源，成本控制难度较大。

总之，网络货运企业在运力管理上具有更高的效率和更低的成本，能够为企业带来更高的运输效益。

3.1.2　网络货运平台运力管理的意义

网络货运平台运力管理的意义深远且重要，具体体现在以下几个方面。

实时监控和
数据分析视
频

1. 提高运营效率

通过科学、系统的运力管理,网络货运平台可以精准地掌握各类运输资源的实时状态,实现运输任务的智能分配和调度。这不仅可以减少车辆空驶、等待时间,还能优化运输路径,从而大幅度提高车辆的使用效率和整体运输效率。这种效率的提升直接反映在运输成本的降低上,为企业创造更大的经济效益。

2. 提升服务质量

运力管理不仅关注运输效率,更重视运输过程的安全、准时和可靠性。通过对运输资源的严格筛选和持续监控,平台可以确保每一次运输都能达到客户期望的标准。这种对服务质量的严格把控,不仅增强了客户对平台的信任度,也为平台赢得了良好的口碑,为未来的业务拓展奠定了坚实的基础。

3. 实现资源的最优配置

网络货运平台通过运力管理,可以对各类运输资源进行统一规划、统一调度,确保资源在时间和空间上的最大化利用。这不仅可以避免资源的浪费和闲置,还能有效应对运输市场的波动和变化,确保平台的稳定运营。

4. 增强市场竞争力

在竞争激烈的物流市场中,拥有高效、可靠的运力管理能力是网络货运平台脱颖而出的关键。通过运力管理,平台可以为客户提供更加优质、高效的服务,从而吸引更多的客户和合作伙伴。这种竞争力的提升,不仅有助于平台在市场中占据更有利的位置,还能为平台的长期发展提供强大的动力。

5. 有效降低运输风险

通过运力管理,网络货运平台可以实现对运输过程的全方位、全天候监控,及时发现和处理潜在的安全隐患。这种对风险的预防和控制,不仅可以降低事故发生的概率,还能保障运输过程的安全和稳定,为平台的稳健发展提供坚实的保障。

综上所述,网络货运平台的运力管理不仅致力于提升运营效率和优化服务质量,更致力于实现资源的精准配置、稳固市场竞争地位以及显著降低运输风险。这种全面而系统的管理策略,对于网络货运平台的稳健发展和市场竞争力的增强具有至关重要的意义。

3.1.3　网络货运企业运力管控要点

因为网络货运企业主要通过互联网平台来整合运力资源,所以在运力管控的方法上,跟传统的自营车队和三方物流也有显著区别。为了保障运输效率和服务质量,网络货运平台一般会从以下几个方面着手来管理运力。

运输过程监控视频

1. 运力资质审核

网络货运平台的运力资质审核是对平台上的运输服务商、司机和车辆进行资质认证和审核，以确保他们具备从事货物运输服务的能力和资格。

运力资质审核主要包括以下几个方面的工作。

（1）对运输服务商的营业执照、税务登记证、组织机构代码证、道路运输许可证等相关证件进行审核，以确认其具备合法经营资格。

（2）对在平台上注册的司机的身份证、驾驶证、从业资格证等相关证件进行审核，以确认其身份的真实性，以及证件的有效性。

（3）对平台上注册的车辆的车牌、行驶证、道路运输许可证等相关证件，以及车辆的年检信息和在保信息进行审核，确保运输工具的安全与合格。

（4）对运输服务商的历史业绩、信誉度、口碑等进行调查和评估，以确认其市场信誉和服务水平。

网络货运平台运力审核在保障物流安全、提升物流效率、促进公平竞争以及降低风险等方面发挥着重要作用，是平台稳健运营的重要保障。其作用主要体现在以下几个方面。

（1）保障运输服务质量：运力资质审核可以确保平台上的运输服务商具备一定的服务能力和水平，从而保障运输服务的质量。

（2）降低运输风险：运力资质审核可以对运输服务商的安全性、信誉度等方面进行评估，从而降低运输过程中的风险。

（3）提高运输效率：运力资质审核可以对运输服务商的历史业绩、设备设施等方面进行评估，从而选择更适合的运输服务商，提高运输效率。

（4）提升平台信誉度：运力资质审核可以提高平台上的运输服务商的整体素质和服务水平，从而提升平台的信誉度和市场竞争力。

2. 建立平台标准化业务流程

网络货运平台一般通过互联网组织社会运力来完成运输任务，司机和车辆一般非平台直属所有，网络货运企业想要保障运输服务质量，提升物流运输效率，就必须建立标准化的业务流程和操作规范，重点要在以下几个方面形成标准动作。

（1）实名注册

网络货运平台实名注册对于提高物流交易安全性、保障用户权益、促进物流行业规范化以及提升平台信誉度等方面都具有重要的作用和意义。

通过实名注册可以验证用户身份信息的真实性，防止虚假身份信息的存在，从而提高物流交易的安全性，也有利于保护用户的合法权益，防止欺诈行为的发生。实名注册还可以提高平台的信誉度，从而吸引更多用户使用平台，提高平台的竞争力。同时，实名注册还是物流行业规范化管理的重要一环，有利于推动物流行业的健康发展，提高整个行业的服务质量和效率。

（2）车货匹配

为平台上的货源快速找到与之相匹配的车源，是网络货运的核心功能之一。平台可以对车辆和货物进行标准化分类，根据车辆的类型、载重、尺寸等特征，以及货物的性质、尺寸、重量、数量等特性进行分类，这样可以使得匹配过程更为准确和高效。

平台的交易流程也要标准化，包括报价、下单、支付、评价等环节，都要在统一的规则和流程下操作，以确保交易公平、透明，同时也能大大提高业务处理的效率。

平台对车辆和货物进行标准化分类

另外，平台还应该制定统一的服务标准，针对运输时间、货物的安全保障以及服务态度等事项做出明确要求和服务承诺，并以此为标准对实际承运人进行考核，从而筛选出优质的运力，确保物流服务质量，提高客户满意度。

（3）运输管控

网络货运平台和传统物流在运输管控方面存在显著差异，会更多地利用技术性手段来对整个运输过程进行实时监控和管理，具备更高的信息化和智能化水平。例如通过 GPS、车辆定位等技术，平台可以对承运车辆进行实时定位，货主在手机端 APP、电脑端均能实时查看车辆位置，对运输情况了如指掌。平台还可以根据货物的起点、目的地智能地规划出路线方案，对车辆在运输途中偏离预定路线的行为，或在车辆无法定位的情况下，平台自动预警。运营人员在接到系统预警后，会第一时间对车辆的安全情况进行确认。

此外，平台还可以通过视频监控、传感器等技术手段，对货物的装载、运输、卸载等环节实施全程监控，实时了解货物的运输情况，及时发现并处理可能出现的问题。

（4）异常处理

面对平台信息异常、轨迹异常、超限超载、超范围经营等问题，网络货运平台必须采取有效措施进行异常处理，以确保物流运输的安全和稳定。

网络货运平台应建立全面的异常监测机制，通过大数据分析、人工智能等技术手段，实时监测物流运输过程中的异常情况，如运输轨迹异常、车辆超载、超时未到达等。

针对不同类型的异常情况，网络货运平台应制定相应的处理流程。例如，对于轨迹异常，平台可以通过 GPS 定位等技术手段进行核实，并及时与司机或货主沟通解决；对于超载问题，平台可以与交通管理部门合作，对超载车辆进行处罚，并要求司机进行整改。

3. 打造平台服务评价体系

网络货运平台的评价体系在保障交易公平、提高服务质量、降低交易风险以及促进行业健康发展等方面发挥着重要作用。

（1）促进公平交易：货主在寻找合适的运输服务时，可以根据司机的评价进行综合考量。评价内容包括服务态度、运输效率、货物安全等多个方面，为货主提供全面、客观的司机信息。同时，司机也可以通过评价获得更多的机会。他们的服务质量、运输效率、诚信度等都会成为评价的依据，优秀的司机将获得更多的订单和客户认可。

（2）提高服务质量：通过评价体系的激励作用，货主和司机都会努力提高自身的服务质量。这有助于提升整个网络货运行业的服务水平,提高客户满意度。

（3）降低交易风险:在网络交易中,对信誉和实力的了解至关重要。评价体系中的信用积分制度、违规行为记录和惩罚措施等,都有助于货主和司机更好地了解对方的信誉和实力。同时,对于违规行为,评价体系也能起到约束和惩罚的作用,进一步降低交易风险。

（4）促进行业健康发展:网络货运平台的评价体系对于推动整个行业的健康发展具有积极意义。通过激励优秀企业和个人、约束违规行为,评价体系能够促进网络货运行业的良性竞争和持续创新。这种竞争和创新氛围有助于提升整个行业的竞争力,推动行业向更高水平发展。

构建网络货运平台评价体系,通常可以采用以下几种方法。

（1）多维度评价:评价体系通常包括多个维度,如服务质量、运输效率、价格合理性、司机评价等。这些维度能够全面反映货主和司机在网络货运平台上的表现。

网络货运平台的具体评价体系

（2）数据收集与处理:平台通过收集交易数据、用户反馈、行为日志等信息,运用大数据和人工智能技术进行处理和分析,从而得出客观、公正的评价结果。

（3）权重分配:不同的评价维度在评价体系中可能具有不同的重要性,因此需要进行权重分配。权重的设定可以根据实际情况进行调整,以确保评价结果的合理性和准确性。

（4）信用积分制度:网络货运平台通常会采用信用积分制度,对货主和司机的行为进行记录和评分。良好的行为可以积累信用积分,而违规行为则可能导致信用积分减少。

任务 3.2 驾驶员管理

小白的公司已经开发了一套网络货运平台管理信息系统，小红是一位货车司机，他拥有1台9.6米的高栏货车，目前车辆已经挂靠了一家货运企业。此时，小红需要整合到小白的网络货运平台，他需要怎样做才能成为网络货运平台的司机呢？

请根据小红的问题，通过下面知识点的学习，并查询相关资料，掌握注册成为一名网络货运驾驶员的方法。

3.2.1 驾驶员（司机）注册

网络货运平台驾驶员注册是指驾驶员按照网络货运平台的要求，通过注册流程和提交必要的材料，成为该网络货运平台的合作驾驶员。

在网络货运平台上注册成为驾驶员，基本步骤如下。

（1）选择平台。根据你的需求和市场情况，选择一个合适的网络货运平台。目前国内有很多网络货运平台，例如：滴滴货运、货车帮、神州专车货运等，可以根据自己的喜好和需求做出选择。

（2）下载网络货运平台司机端APP或访问网页。访问平台的官方网站或应用商店，下载并安装相应的手机应用或访问网页。

（3）注册账号。打开网络货运平台司机端APP或网页，一般情况下需要根据驾驶员手机号码进行注册，因此首次登录点击"验证码登录"按钮，进入手机验证码登录页面，填写手机号码获取验证码，勾选用户隐私协议，点击确认登录即可完成注册登录。

网络货运平台司机端APP提供多种登录方式供选择，可以选择"账号密码登录""验证码登录""微信登录""手机登录"，当第一次使用"微信登录"和"手机登录"时，需要注意绑定驾驶员的账号才可以登录成功。

驾驶员（司机）注册的意义有以下几个方面。

（1）合作机会：注册成为网络货运司机，可以获得更多的货物运输业务机会。网络货运平台通常与大量的货主合作，通过平台上的货源信息，司机可以选择适合自己的运输订单，从而增加业务量和收入。

（2）信誉建立：通过注册和参与合作，驾驶员（司机）可以逐渐建立自己的信誉和口碑。平台通常会对驾驶员（司机）的服务

图 3-1 司机注册

质量进行评价和反馈,驾驶员(司机)通过提供优质的服务,获得更多的好评和信任。

（3）便捷管理:网络货运平台为注册的驾驶员(司机)提供了便捷的管理工具和技术支持,方便司机接单、完成订单、结算费用等。平台通常提供订单管理系统、位置导航、在线支付等功能,提升司机的工作效率和管理能力。

（4）安全保障:通过注册的驾驶员(司机),可以享受网络货运平台提供的安全保障措施。例如,平台会对货主和司机进行资质核查,确保运输的安全性和可靠性;还会提供保险保障,如货物保险和交通事故保险,以减轻货运过程中的风险。

3.2.2 驾驶员(司机)实名认证

网络货运企业驾驶员(司机)实名认证是指网络货运平台对注册驾驶员的身份进行认证和验证的过程。司机实名认证的目的是核实驾驶员的真实身份,确保其符合平台的要求和标准。

在司机实名认证过程中,驾驶员需要提交相关的身份证明和驾驶相关的证件,如身份证、驾驶证、行车证等。网络货运平台将对提交的证件进行审核,验证驾驶员的身份信息是否真实有效。

司机实名认证有助于平台建立可信的驾驶员数据库,提高运输安全和服务质量。通过实名认证,平台可以识别合规驾驶员,确保他们的合法性和可靠性,减少非法驾驶和违规行为的发生。

对于货主来说,可以通过司机实名认证的信息,更好地选择合适的驾驶员进行货物运输。同时,对于司机来说,通过实名认证可以提升信用度和接单机会,增加业务来源。

需要注意的是,实名认证涉及个人隐私和信息安全,网络货运企业在进行实名认证时应严格遵守相关法律法规,保护司机的个人信息安全和隐私。

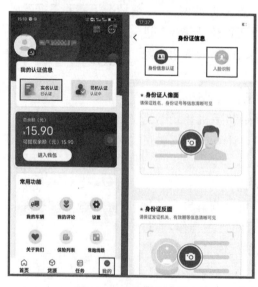

图3-2　身份信息上传

在网络货运平台上驾驶员进行实名认证的基本步骤如下。

（1）上传身份信息

登录网络货运平台司机端后,选择点击"实名认证"上传驾驶员(司机)的身份证正反面照片信息,等待平台审核,照片要求清晰不模糊不反光,四边拍全,不然影响系统识别。

（2）上传司机驾驶证信息

司机接单需要先完成驾驶员认证,选择"驾驶员(司机)认证",上传驾驶证正反面照片信息、从业资格证并填写从业资格证号,提交认证等待平台审核。

图 3 - 3　驾驶证信息上传

3.2.3　企业驾驶员注册与认证

很多自有车辆的驾驶员挂靠在运输企业,还有很多驾驶员受雇于企业或车队,这些驾驶员的注册和认证工作需要通过企业或车队统一进行。

企业自身必须注册入驻网络货运平台,企业注册可分为线上和线下两种方式。

1. 线上注册

企业通过网络货运平台 APP 或者网站,登记企业名称、社会统一信用代码、法定代表人、法定代表人身份证、道路运输经营许可证等信息;完成线上注册的企业,其注册时填写的手机号会收到一条账号开通的短信通知,企业根据通知前往后台地址,用手机号可验证登录;企业初次登录管理后台需要先完善企业信息,之后等待平台运营审核,运营审核通过后方能进行其他操作。

2. 线下注册

网络货运平台商务专员收集企业入驻信息,商务专员通过平台 OA 系统提交平台账号申请,平台运维为企业开通平台账号,并按合同为其配置平台的相关操作权限。

完成注册后,企业可以通过驾驶员的手机号和身份证号在平台后台为企业的驾驶员(司机)注册平台账号,并上

图 3 - 4　网络货运平台上企业注册

传相关证件,等待平台审核认证。经过认证的驾驶员说明其资质证件齐全,可信度高,企业可以正常派单。

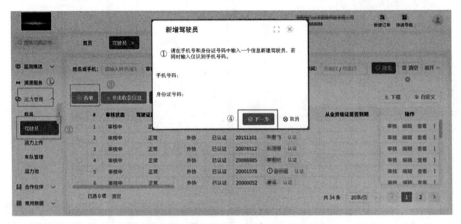

图 3-5　网络货运平台运营企业新增驾驶员

图 3-6　网络货运平台运营企业新增驾驶员信息上传

3.2.4　驾驶员(司机)分类

驾驶员(司机)分为物流企业自有司机和外协司机。

1. 外协司机

外协司机是指物流公司在运输需求超出自身运力时,通过外部合作与其他独立的司机或运输公司合作,以满足货物的运输需求。外协司机通常是临时性的合作关系,用于解决短期或突发性的运输需求。与外协司机合作可以灵活应对运输需求的变化和突发情况,但同时也需要注意合作的风险和管理,确保货物的安全和运输质量。在与外协司机合作时,物流公司需要注意以下几点。

首先,确保外协司机具备合法的从业资质和运输工具,如驾驶证、车辆行驶证等。

其次,对外协司机进行评估和筛选,选择具备良好信誉和服务质量的合作伙伴。再次,确定合作的运输条件和要求,包括货物的数量、运输时间、运输路线等。最后,签订合同或协议,明确双方的权益和责任,确保合作的顺利进行。

2. 自有司机

企业自有司机是指物流企业拥有的专职或兼职司机,他们直接为企业提供运输服务,属于企业内部的员工或合作伙伴。与外协司机相比,企业自有司机具有更高的稳定性和可控性,能够更好地满足企业的运输需求。

企业自有司机的优势体现在以下几个方面。

(1)稳定性和可靠性:企业自有司机是企业的员工或合作伙伴,与企业建立了长期的合作关系,具有稳定的工作态度和责任心,能够更好地满足企业的运输需求。

(2)熟悉企业需求:企业自有司机对企业的运输需求和要求非常了解,能够更好地适应企业的运输流程和标准,提供符合企业需求的运输服务。

(3)内部协调和管理:企业自有司机与企业内部其他部门的协调和沟通更加方便,能够更好地配合企业的运输安排和调度,提高运输效率。

(4)质量控制和监督:企业自有司机受到企业的管理和监督,企业可以对其进行培训和考核,确保其具备良好的驾驶技术和服务质量,提供符合企业标准的运输服务。

企业自有司机能够为企业提供稳定和可靠的运输服务,但同时也需要企业进行有效的管理和监督,以确保运输工作的顺利进行。企业要注意以下几点:

首先,确保司机具备合法的从业资质和驾驶证,确保其安全驾驶和合规运输。其次,提供必要的培训和指导,确保司机了解企业的运输流程和标准,提供符合要求的运输服务。再次,建立明确的工作制度和责任制,明确司机的工作职责和权益,确保运输工作的顺利进行。最后,定期对司机进行绩效评估和考核,对表现优秀的司机给予奖励和激励,对表现不佳的司机进行改进和培训。

任务 3.3 载具管理

小红已经注册了驾驶员,但是他的高栏货车还不在系统中,此时小白的平台还无法将业务分配给小红。小红需要怎样做才能将自己的货车信息添加到网络货运平台?

请根据小红的问题,通过下面知识点的学习,并查询相关资料,掌握如何添加载运工具到网络货运平台。

3.3.1 载具管理的作用

载具管理主要是对车辆信息进行管理,以便调派车辆时进行使用。载具管理具备以下作用。

(1)载具信息管理:网络货运平台能够对运输企业的载具信息进行全面管理,包括车辆类型、车牌号、车辆载重等信息的录入和存储。这有助于平台实时了解运输企业的运力资源情况,并为后续的任务调度和分配提供依据。

(2)载具调度和分配:网络货运平台可以根据货物的需求和运输企业的运力状况,进行智能化的载具调度和分配。平台能够根据运输载具的位置、空闲状态和任务的紧急程度等因素,合理安排运力,提高运输效率。

(3)实时定位与跟踪:通过载具管理功能,网络货运平台可以实时跟踪和监控运输载具的位置和状态。平台可以提供实时的车辆定位信息,让货主和平台能够随时查看运输进展情况,确保货物运输的可视性和透明度。

(4)载具安全管理:网络货运平台可以对运输企业的载具安全进行管理和监控。平台可以设立运输载具的安全标准和要求,并通过载具管理功能对运输企业进行培训和教育,提高运输安全意识和作业标准。

(5)违规监督和处理:网络货运平台能够通过载具管理功能对运输载具的行驶路线、驾驶行为等进行监督和记录。一旦发现载具违规行为,平台可以及时采取相应的措施,例如报警、罚款等,保障货物运输的安全性和可靠性。

3.3.2 新增载具

已经在平台注册的企业可以通过系统后台添加载具,首先选择载具类型为车辆,并输入车牌号码;上传清晰的资质证件,包括行驶证正本、行驶证副页;选择载具种类,录入载具总质量、所有人、使用性质、整备质量、核定载体积、核定载质量、载具识别码、发动机号、外廊长和外廊宽等行驶证信息。

图 3-7　新增载具

图 3-8　载具信息上传

如果填写车牌号提示"载具已存在",说明该车辆已进入平台,企业可以在调度时直接通过查找车牌号找到该载具并调度使用。

如果是外协驾驶员(司机)自有车辆,驾驶员在完成实名认证后,可以自主注册载具,上传行驶证的相关信息,同企业后台添加载具信息一致。

3.3.3　派车接单

当车辆在网络平台完成新增之后,物流企业或者承运方代货主下单,便可在下单页面直接指定已经注册的载具和驾驶员。

物流企业或承运方代货主下单后,网络货运平台会通过 APP 向驾驶员(司机)推送通知。司机可以查询订单的信息,包括派车时间、总费用、装车地点时间、卸货地点时间、货物名称和货物总量体积等。司机可根据自己的实际情况,选择接受订单或拒接订单,如果拒绝订单,需要说明原因,一般情况下拒接的原因包括车辆故障、身体不适、恶劣天气和其他。

图 3-9 任务单信息

物流企业或者承运方代货主下单,可以从已注册的驾驶员中选择一些驾驶员,由这部分驾驶员抢单。调度单创建完后,指定的驾驶员就能接收到抢单任务。还未被驾驶员抢单的调度单,可在调度单详情页面作加价、撤回或者作废的处理。

图 3-10 调度单设置抢单

图 3-11 调度单指派司机

驾驶员登录网络货运平台司机端 APP,可查看抢单货源。抢单成功后,系统将自动接单跳转至运输任务页面。

如果指派的驾驶员由于有运输任务或者其他原因无法满足需求,可以选择由系统自动推荐驾驶员,系统会根据收发货地址、货物信息等推荐合适的司机。

3.3.4　轨迹查看

在平台注册的企业从运单详情切换到"轨迹信息"界面,可以跟踪车辆运输的行车轨迹及当前位置。企业或货主可通过轨迹随时随地掌握货物的运输情况,平台将轨迹信息上传网络货运监管部门,同时平台或企业可以根据轨迹信息分析车辆运营的效率和车辆的状态。

目前平台采集载具轨迹信息的方式有三种:

(1)司机采用网络货运平台司机端 APP 操作,并在运输过程中保持 APP 后台运行。

(2)车辆安装了网络货运平台兼容的 GPS 设备。

(3)通过车联网平台购买行车轨迹。

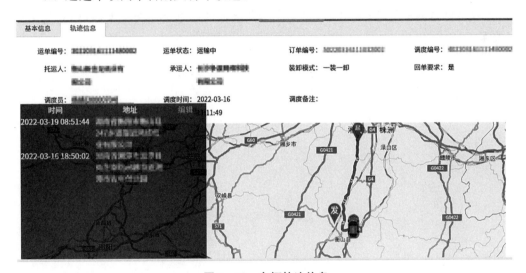

图 3-12　车辆轨迹信息

知识链接

车联网平台

一、车联网平台的概念

车联网平台是指通过互联网技术将车辆与外部世界进行连接,实现车辆信息的共享和交互的一种平台。通过该平台,车辆可以与其他车辆、交通基础设施、服务中心等相互通信,提供各种服务,如导航、安全预警、远程诊断等。

二、车联网平台的主要作用

1.提升行车安全:车联网平台能够实时获取和处理车辆的各种信息,如速度、刹车系统状态等,为驾驶员提供准确的车辆状况和周围环境信息,帮助驾驶员更好地了解道路状况,预防事故发生,提高行车安全。

2. 优化交通流量:通过车联网平台,交通管理部门可以实时监控道路交通状况,对交通流量进行智能调度和疏导,有效缓解交通拥堵,提高道路使用效率。

3. 提升行车体验:车联网平台可以为驾驶员提供各种便利服务,如在线音乐、语音导航等,提升行车体验。同时,驾驶员还可以通过该平台进行远程车辆诊断,及时了解车辆状况,提前进行维修保养。

4. 辅助驾驶决策:车联网平台可以收集和分析车辆行驶数据,为驾驶员提供智能化的驾驶决策建议。例如,根据路况预测行驶时间,推荐最佳路线等。

5. 节能减排:通过车联网平台对车辆进行智能控制和调度,可以有效地降低车辆的能耗,减少尾气排放,对环境保护起到积极作用。

6. 提升应急响应效率:在遇到紧急情况时,驾驶员可以通过车联网平台快速发出求救信号,相关部门可以迅速响应,提高救援效率。

7. 促进智能交通发展:车联网平台是智能交通系统的重要组成部分。通过该平台,可以实现车辆与交通基础设施、服务中心等之间的信息共享和交互,推动智能交通的发展。

任务 3.4　车队管理

小黄的物流企业已经在小白的网络货运平台注册,此时小黄的公司接到了一项运输任务,需要 10 台 9.6 米高栏货车,小红作为小黄公司的平台注册司机,需要组建一支车队来完成此项任务。小红需要怎样做才能在网络货运平台组建车队完成运输任务?

请根据小红的问题,通过下面知识点的学习,并查询相关资料,掌握如何组建运输车队,如何通过车队完成运输任务。

3.4.1　车队管理的概念

车队是指由一群货车或运输车辆组成的团队,用于进行货物运输和配送的组织形式。这些车辆通常隶属于同一个运输企业或物流公司,在一定的管理和协调下进行运作。

运输车队的规模和组成根据不同的需求和情况进行调整,可以包括几辆车到上百辆车甚至更多。车队的组成也可以根据不同的运输需求进行调整,包括不同类型的货车或运输车辆,如平板车、货柜车、罐车、冷链车等。

很多平台注册的物流企业不是直接管理司机,而是将公司分成若干车队进行管理,每个车队由一名队长负责,车队长带领下属司机承接运输业务,当接到运输任务时,企业会将订单发包给车队长,由车队长再去调派车辆和司机。

3.4.2　车队创建

企业为了让车队长对司机进行车队管理,可以通过平台新增车队,录入车队名称、车队长名字和队长电话等信息。完成车队创建后,可以从系统的"驾驶员列表"中新增车队司机或解除车队管理驾驶员。

企业的车队管理有两个条件必须满足:

(1)驾驶员使用网络货运平台司机端 APP 注册时选择了关联该企业,或者企业通过后台注册该名驾驶员;

(2)驾驶员需要登录网络货运平台司机端 APP,上传车辆信息并绑定默认车辆。

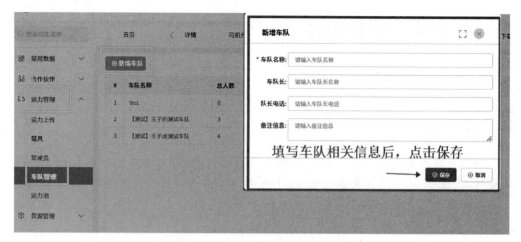

图 3-13　网络货运企业创建车队

3.4.3　车队管理

企业创建车队后,可以在车队下添加司机和车辆,对车队下属的司机和车辆进行管理,形成车队自有运力池,并用于之后的作业派遣。

图 3-14　车队管理

选择"关联司机",通过姓名、手机号码搜索等添加方式,从企业运力池中找出对应的司机,将其加入车队。与司机关联绑定的车辆载具信息会一同载入。

如果该司机尚未入驻网络货运平台,则需要先在平台上注册并上传相关资质、证照,才能够在运力池中检索出来。

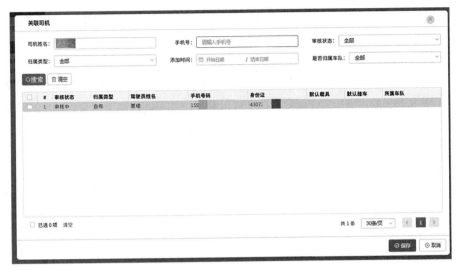

图 3 - 15　车队关联司机

3.4.4　车队调度

企业创建车队后,可以通过网络货运平台将承接到的订单以运输任务的方式派给指定车队,由车队来安排司机、车辆执行运输任务。

企业有两种方式派单给车队,一种是任务指定模式,另一种是任务抢单模式。

1. 指定模式

指定派单是通过车队长把业务派给指定的司机来执行运输。采用指定模式派单时,企业需要先把车队长设置为本企业的调度员,并在承接订单时选择"指定调度员",把订单派给车队长,由车队长来完成后续的车辆调度操作。

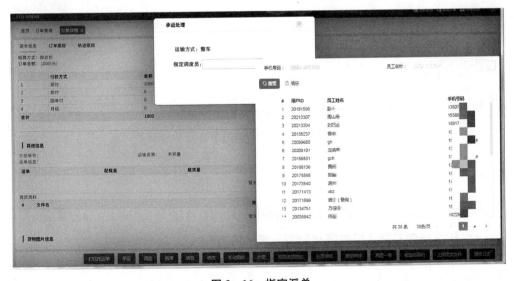

图 3 - 16　指定派单

车队长以调度员身份派遣司机、车辆的操作,将在"任务 5.3 调度管理"中做详细讲解。

2. 抢单模式

车队抢单是把运输任务派发到某个车队的运力池,让运力池内的司机主动抢单。

采用抢单模式派单时,企业需要在调度订单时将调度单的发布方式更改为"抢单"模式:

图 3-17　企业调度车队抢单

点击"选择运力",抢单发布范围为"指派车队",可将订单资源派发给一个或多个车队。被选中的车队下属的所有司机都会在货源池中看到该运输任务,由最先抢单者进行承运。

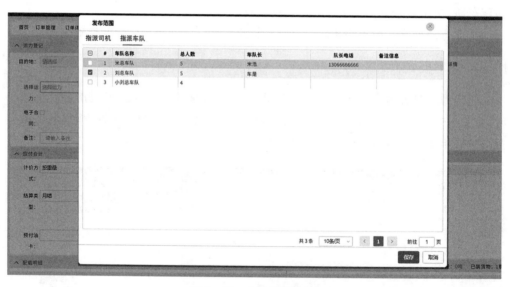

图 3-18　企业指派车队

《关于支持引导公路水路交通基础设施数字化转型升级的通知》

课程思政

《关于支持引导公路水路交通基础设施数字化转型升级的通知》政策解读

一、转变观念深刻认识数字化转型升级的内涵

交通基础设施数字化转型升级是以数据资源为关键要素,以信息通信技术融合应用、全要素数字化转型为重要推动力,深度应用大数据、物联网、人工智能、北斗导航等新技术,推动交通基础设施智慧扩容、安全增效、产业融合,实现交通运输行业流程再造、系统重塑、制度重构的过程。

(一)跳出"基建",强调交通建设模式的适应性转变。

近年来,各地实施了一批智慧公路、智慧航道等试点示范项目,但大多依托新建、改扩建土建工程实施,规模大、需求强、数字化显性效益好的在役设施数字化投入普遍不足。从前期调研看,试点示范项目还存在"重建设、轻运维,重硬件、轻软件,重技术、轻机制"的"三重三轻"问题,缺乏对需求、场景、建设、运维、机制全链条闭环的统筹谋划、系统创新。因此,加快交通基础设施数字化转型,要摆脱传统基建思维,改变以往依靠高投入推动基础设施通行能力提升的模式,通过数据赋能,以较小资金和资源投入撬动交通基础设施承载能力、安全和服务水平的有效提升。

(二)突出"转型",强调流程规则的革命性重塑。

交通基础设施数字化转型是一项非常复杂的系统工程,需要利用新技术、建立新标准、优化新流程、改革新机制,往往涉及多部门、多主体、多环节,使得广大交通基础设施运营企业、管理机构"不敢转、不会转"。有些地方引进外地的成功建设经验,但受到本地体制机制壁垒没有破除等约束,导致"难落地、转不动"。因此,加快交通基础设施数字化转型,重点要突出"转",需要数字技术创新和组织方式变革共同发力,充分发挥数字技术的放大、叠加、倍增作用,推动交通运输行业流程再造、系统重塑、制度重构,形成交通基础设施管理服务的新模式、新形态。

(三)注重"融合",强调基础设施质态的结构性改变。

交通基础设施是为社会生产和居民生活提供公共服务的公共设施。支持战略性新兴产业发展、提升社会公众使用体验成为交通基础设施数字化转型升级的重要出发点和落脚点。因此,加快交通基础设施数字化转型,不能做数字技术的简单叠加,不能上来就做机电系统设计,而是要从社会大众的实际需求出发,以场景为牵引,推动跨界融合,打破产业边界,实现数据技术产品、应用范式、商业模式和制度机制协同创新,使我国庞大的交通基础设施在融入数字技术和数据要素后,具备新功能、呈现新形态,引领高质量发展。

二、系统布局推进"6轴7廊8通道"一体化提升

交通基础设施网络化特征明显,全网一体化畅通才能充分发挥效益优势。近年来的智慧公路、智慧航道建设项目多采用分段或单点建设,分布较为零散,缺乏对国家综合立体交通网主骨架、大通道和区域路网的统筹布局和系统推进,应用场景众多且"碎片化",不利于数字化、智能化效应的充分发挥,难以形成同质化、一体化的公众服务体验。

我国公路、水路基础设施体量大,运行方式比较传统,相较于铁路、民航、邮政领域,数字化转型升级起步较晚、基础薄弱,升级改造任务较为迫切和繁重。同时,随着交通运输需求快速增长,我国公路、水路部分路段能力饱和状态加剧。基于2022年年底相关数据统计,日均服务水平在四级、五级、六级的繁忙国家高速公路里程约为1.7万公里,约占通车里程的14%;繁忙普通国道里程约为7.5万公里,约占通车里程的23%;

四级及以上重要国家高等级航道约 1.6 万公里，约占规划总里程的 64％。行业亟须通过数字化转型升级解决繁忙路段和重要航段存在的效率、安全、服务等方面的问题。

目前，国家综合立体交通网主骨架空间布局已基本完成，路线里程超过 26 万公里，建成率约 90％，是我国交通运输强度最大的骨干网络。因此，交通基础设施数字化转型将聚焦国家综合立体交通网"6 轴 7 廊 8 通道"主骨架以及国家区域重大战略范围内的国家公路和国家高等级航道，以在役基础设施为重点，选择公众需求迫切、交通问题突出的繁忙通道及网络实施，从而提高交通基础设施的承载能力、通行效率、安全保障和治理水平，扩大多样化高品质的服务供给。

三、协同推进抓好数字化转型的重点工作

（一）抓好场景规模化应用。

坚持问题和需求导向，聚焦小切口，以用得上、用得起、用得好的应用场景为牵引，以需定建，协同推进数字技术与交通基础设施深度融合，加快新技术、新场景、新模式的规模化网络化落地应用，增强一体化、连续性服务体验。一方面，围绕公共服务升级，推动基础设施智慧扩容，加快关键节点智慧通行服务、干线通道主动管控和一张网服务新模式等成熟场景应用，推动点、线、面一体联动和区域有效协同，提升交通基础设施承载能力和通行效率。另一方面，围绕行业管理提升，推动基础设施安全增效，推进实施数字化管养系统、运行监测预警平台、数字治超及大件运输全链条监管系统、应急指挥调度系统等建设，提高交通安全应急能力和行业治理水平。

（二）抓好数据赋能增值。

充分发挥数据生产要素作用，将数据从哪来、到哪去、能干什么、如何利用数据赋能等，作为交通基础设施数字化转型升级的主线。一方面，加强交通数据资源的有效采集、汇聚、整合，构筑标准统一、分层解耦、融合集成的数字底座，推动基础数据在不同业务环节有效传递共享，统筹应用场景融合创新与集约运行。另一方面，探索建立"数据资源持有权、数据加工使用权、数据产品经营权""三权"分置的授权使用机制、市场化流通机制等，促进数据多场景应用、多主体复用，释放数据要素价值。

（三）抓好体制机制创新。

数字化转型是一次根本性变革，本质上是对原有组织规则、业务规则、信息传递规则的打破，要求体制机制进行适应性革新。健全交通、公安、气象、应急、数据、自然资源等部门间多方协同联动管理和服务机制，探索建立与数字化转型升级相适应的治理模式，为主动交通管控、恶劣天气通行等创新场景落地提供机制保障。健全公路、水路项目全生命周期数字化管理机制，打通项目立项、设计、施工、验收、运维全过程业务协同管理的数据链条，为交通基础设施可持续维养和长期服务提供基础保障。此外，要未雨绸缪，加快建立适应大规模数字化设施设备的运维保障机制和安全防护体系。

（四）抓好产业生态培育。

充分发挥交通运输超大规模基础设施网络、丰富应用场景和海量数据资源优势，积极推动实施跨领域产业融合发展，重点开展车路云一体化和船岸云一体化试点，为战略

新兴产业规模应用、融合创新提供"土壤"。充分发挥交通运输对相关产业的带动支撑作用,以产业链为纽带,鼓励商业模式创新,积极培育智慧交通运营商,助力人工智能、车路协同等数字技术产品落地成熟,支撑打造具有国际竞争力的智慧交通产业集群。

来源:交通运输部规划研究院

课后练习

一、不定项题

1. 下列不属于运力的是(　　)。

A. 运营车辆　　　　　B. 驾驶人员　　　　　C. 陪护人员　　　　　D. 管理人员

2. 运输服务商运力资质审核的证件包括(　　)。

A. 营业执照　　　　　　　　　　　　B. 税务登记证

C. 组织机构代码证　　　　　　　　　D. 道路运输许可证

3. 司机资质审核的证件包括(　　)。

A. 身份证　　　　　B. 驾驶证　　　　　C. 从业资格证　　　　　D. 行驶证

4. 车辆资质审核的证件包括(　　)。

A. 车辆的车牌　　　　　　　　　　　B. 行驶证

C. 驾驶证　　　　　　　　　　　　　D. 道路运输许可证

5. 要实现车货匹配,网络货运平台需要进行哪些方面的标准化?

A. 车辆标准化　　　　　　　　　　　B. 货物标准化

C. 交易流程标准化　　　　　　　　　D. 服务标准化

6. 网络货运平台运输管控使用的主要技术是(　　)。

A. 大数据技术　　　　　　　　　　　B. 条形码技术

C. 全球卫星定位技术　　　　　　　　D. 计算机技术

7. 网络货运平台主要的异常问题是(　　)。

A. 信息异常　　　　　B. 超范围经营　　　　　C. 超限超载　　　　　D. 轨迹异常

8. 网络货运平台驾驶员(司机)的分类是(　　)。

A. 自有司机　　　　　B. 个人司机　　　　　C. 外协司机　　　　　D. 第三方司机

9. 下列不属于新增载具需要录入的信息是(　　)。

A. 行驶证　　　　　B. 驾驶证　　　　　C. 载具总质量　　　　　D. 核定载体积

10. 物流企业或者承运方代货主下单,发布方式有(　　)。

A. 竞价　　　　　B. 协商　　　　　C. 指派　　　　　D. 抢单

11. 下列不属于平台采集载具轨迹信息的方式是(　　)。

A. 手机 APP　　　　B. GPS 设备　　　　C. 车联网平台　　　　D. 物流园区

12. 物流企业创建车队后派单给车队的模式有(　　)。

A. 指定　　　　　　B. 抢单　　　　　　C. 竞价　　　　　　D. 协商

二、判断题

1. 网络货运企业必须要有自营运输车队。　　　　　　　　　　　　　　　(　　)

2. 网络货运企业的运力调度采取的是人工调度方式。　　　　　　　　　(　　)

3. 实名注册可以验证用户身份信息的真实性,防止虚假身份信息的存在,提高物流交易的安全性,利于保护用户的合法权益,防止欺诈行为的发生。　　(　　)

4. 网络货运平台驾驶员注册是指驾驶员按照网络货运平台的要求,通过注册流程,提交必要的材料,成为该网络货运平台的员工。　　　　　　　　　　(　　)

5. 自有司机网络货运平台认证不需要通过企业统一进行。　　　　　　(　　)

6. 外协驾驶员的车辆,驾驶员在完成实名认证后,可以自主注册载具,上传行驶证的相关信息。　　　　　　　　　　　　　　　　　　　　　　　　　　(　　)

7. 车队车辆通常隶属于同一个运输企业或物流公司。　　　　　　　　(　　)

8. 车队派单模式下车队队长承担了调度员的工作。　　　　　　　　　(　　)

9. 车队抢单模式下订单资源只能派发给一个车队。　　　　　　　　　(　　)

三、简答题

1. 简述网络货运平台运力管理的意义。

2. 简述网络货运企业创建平台服务评价体系的目的。

3. 简述网络货运平台载具管理应该具备的作用。

4. 简述企业车队管理的必备条件。

据交通运输部网络货运信息交互系统统计,截至2023年12月底,全国共有3 069家网络货运企业(含分公司),接入社会运力798.9万辆、驾驶员647.6万人。全年共上传运单1.3亿单,同比增长40.9%。

从2017年的无车承运人试点,到2020年的"网络货运元年",最开始是互联网创业者,后来是制造业、合同物流企业,如今国企开始接棒。近期,中铁四局物资公司"争先智运"平台成功试运营。类似中铁四局这样的国企,成为网络货运产业新的推动力。网络货运经历了三个阶段。

第一阶段:"互联网+",把价格打下来。

当年的O2O浪潮下,资本是主推动力。大规模的烧钱补贴模式下,众多物流细分市场烧出几大平台,互联网创业者乘着"互联网+物流"的东风,占尽了风头。这个过程中,平台将线下信息部的"小黑板"搬到了线上,将货主的调车需求与司机的找货需求数字化,大幅提高了匹配的效率。

第二阶段:合同物流、制造业,把供应链管明白。

这一阶段,货主端开始把业务放到网络货运平台,业务量明显比无车承运人试点期间客户的业务量要大得多。此时大家看网络货运,不是看模式,而是作为"数字化工具"来看。

网络货运可以打通税务合规路径,同时也可以打通"走出去"的路径。货主型企业因为有自身业务托底,自然想要找寻能从企业物流走向物流企业的方法。当然,最重要的是,通过网络货运平台,企业通过数字化手段,可以将触角直达终端。其核心在于解决整个供应链条的协同效率。

第三阶段:国企入场,把资产盘活。

随着网络货运这一数字化工具在民营企业中的整合能力得到验证,国企也开始以网络货运为抓手,盘活现有资源,以提升资产效率。煤炭、钢铁、水泥、粮食等大宗行业的国企选手,纷纷入场。

从"互联网+"创业潮到制造业合同物流,再到如今的国企入场,网络货运正在从商业模式变为一种数字化工具,业务场景也正从零担市场渗透到类似大宗的计划生意。可以预见,网络货运行业业务体量也将是指数级增长。

工作任务 ▶▶▶▶▶▶▶▶▶▶

　　小白公司作为一家新成立的网络货运企业,目前急需开展业务,小白拜访了很多货主企业,发现很多货主企业有自己固定的运输企业为其提供服务,而且小白公司目前采购的货运车辆的运输能力不能满足很多货主的运输需求。此时,小白还发现城市周边物流园的路边停着很多货车,这些货车大部分都是个体经营的,他们一般都是通过货运中介提供货源。小白觉得如果仅靠自己公司采购的这些车辆,很难把企业的规模和业务量做大,那应该怎么办呢?此时有人告诉小白,做网络货运企业需要合作伙伴,这样才能发展壮大。那小白公司的合作伙伴应该是谁?

　　请根据小白的问题,通过下面知识点的学习,并查询相关资料,掌握网络货运企业合作伙伴的相关概念。

4.1.1　网络货运企业合作伙伴定义

　　网络货运企业的合作伙伴是指与网络货运企业建立合作关系的企业或机构,共同合作提供支持和服务,以推动平台业务的发展和用户满意度的提升。

　　在网络货运企业中,合作伙伴通常是拥有独立业务能力和资源的企业,通过与网络货运企业建立合作关系,共同开展业务合作。这些合作伙伴可以提供多种不同类型的支持和服务,以满足网络货运用户的需求,并为网络货运企业的运营和发展做出贡献。

　　网络货运企业作为中介平台,通过连接合作伙伴,促成货物的运输合作。网络货运企业通常提供在线平台或应用程序,供合作伙伴发布运输需求,以及为合作伙伴提供订单信息、支付结算、订单分发等功能。此外,网络货运企业还会负责监控货物的运输状况,处理运输中的问题,并提供客户服务。

　　合作伙伴之间的合作通常是基于合作协议或合同进行的,明确各方的权责和交易条件。他们的合作关系直接关系到网络货运业务的进行和服务质量的提升。

　　网络货运企业在不同的上下游业务环节中可能与更多类型的合作伙伴有合作关系,包括技术合作伙伴、金融合作伙伴等。这些合作伙伴在提供相关支持和服务方面发挥着重要的作用,以确保网络货运企业的运营和发展。

┌─── **知识链接** ───

常见的企业合作伙伴关系类型

　　(1)战略合作伙伴关系:企业之间建立长期战略合作关系,共同实现战略目标和利益最大化。这种合作一般是基于相互信任和互补优势的基础上建立的,可以涉及多个领域和层面,比如技术共享、市场拓展、资源整合等。

(2)技术合作伙伴关系:企业合作伙伴在技术领域进行合作,共同开发新技术、产品或解决方案。这种合作可以加快技术研发速度,降低成本,提高市场竞争力。

(3)市场合作伙伴关系:企业合作伙伴在市场推广、品牌建设等方面进行合作,共同利用各自的渠道和资源,提高市场影响力和市场份额。比如合作进行联合营销、共同参与促销活动等。

(4)供应链合作伙伴关系:企业合作伙伴在供应链的不同环节进行合作,协同提高供应链效率、降低成本。比如与供应商、制造商、物流公司等进行合作,实现材料和信息的流动协同,以实现供应链的优化。

(5)跨国合作伙伴关系:企业之间跨越国界进行合作,实现资源整合、市场拓展和国际化发展。这种合作可以帮助企业进入外国市场、获取新的客户和渠道,扩大全球影响力。

4.1.2　网络货运企业合作伙伴分类

网络货运企业合作伙伴关系主要分为三类:

1. 托运伙伴

主要是指货主或发货方,即需要将货物进行运输的企业。托运伙伴将货物的运输需求发布在平台上,利用网络货运企业整合的社会运力资源,完成货物运输服务,通过与托运伙伴的合作,网络货运企业能获得比较稳定的市场份额。

2. 承运伙伴

主要是指网络货运企业、物流企业或车队,即承担实际运输货物的责任企业。平台将订单委托给承运伙伴进行货物运输,网络货运平台提供货物线路规划、调度安排、运输跟踪等环节的协同服务,以提高运输的效率,降低成本,承运伙伴负责完成货物的提货、运输和交付等任务。通过与承运伙伴的合作,网络货运企业能够获得充足稳定的运力资源。

3. 增值伙伴

主要是指银行、保险或 GPS 车联网等企业,即为网络货运平台提供多元化增值服务的企业,主要增值服务包括:电子合同、在线保险、ETC 开票和电子围栏等。通过与增值伙伴的合作,网络货运企业能够提供更多的服务,从而获得更多稳定的业务。

(1)电子合同

电子合同解决企业使用外协司机合同签署难的问题,可用于托运人与承运人之间的货运协议、承运人企业与外协司机之间的运输协议等场景;承运时在线签署,可以实现电子签名、云储存和查找。

与司机签订电子合同需要企业提前开通电子合同功能,电子合同每单一签,发起调度后司机会在 APP 端收到电子合同签署提醒,司机确认签署,后台会自动生成合同记录。调度司机和载具时,可以上传与司机签订的货物运输电子合同。

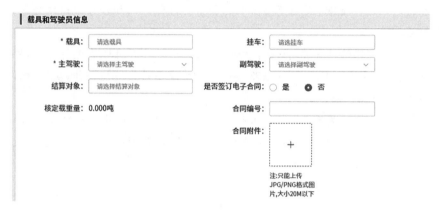

图 4-1 网络货运平台上传货物运输电子合同

(2) 货运保险

在线保险解决企业线下投保对接烦琐、投保不及时的问题,根据电子运单自动投保,下单即时生效,免赔额低至 500 元起,投保费率低至 0.1‰起。对订单实施调度时,承运企业可以为本次运输任务进行货物投保,投保前要先联系平台客服开通在线保险功能,充值购买保险额度。

图 4-2 网络货运平台保险

进行投保操作时,选择正确的货物类型,以便在理赔发生时保障自己的合法权益。保价金额是指投保的货值金额,被保人默认为承运企业,不同类型的货物可能对应不同的保价费率。代缴保费是指本次投保产生的保费金额,平台会从企业充值的保险额度中扣除。保险生效日期,默认为调度成功后即时生效,也可以指定日期。

(3) 电子围栏

电子围栏可以在指定位置提醒司机装货、签收等,主要有三项功能:"是否开启业务提醒""是否开启业务限制""自动签收"。

在业务参数页面点击"编辑"。

图 4-3 网络货运平台电子围栏

在"电子围栏"选项处编辑需要使用的功能,"是否开启业务提醒"开启,表示司机进入运单"揽件""签收"地的范围内,司机 APP 将通知司机操作揽件或签收。默认是 500 米范围内提醒,可以进行范围大小的编辑。

| 电子围栏

是否开启业务提醒: ⦿ 开启   ○ 关闭

❓ 运单揽件: − | 500 | +   m 进入围栏提醒装运

❓ 运单签收: − | 500 | +   m 进入围栏提醒签收

❓ 送货签收: − | 500 | +   m 进入围栏提醒送货签收

图 4-4 电子围栏设置

"是否开启业务限制"开启,表示司机在运单"揽件""签收"地的范围外,司机无法操作揽件或签收。默认是 500 米范围内,可以进行范围大小的编辑。

| 电子围栏

图 4-5 开启业务限制

"自动签收"开启,表示司机在 24 小时内到过运单"签收"地的范围内,24 小时后如司机未点"签收"按钮,系统自动签收。默认是 500 米范围内,可以进行范围大小的编辑。

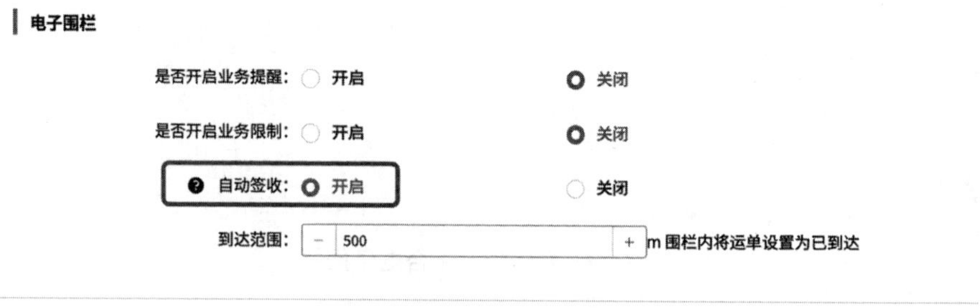

图4-6 开启自动签收

（4）ETC开票

解决企业外协车ETC发票获取难问题,合法合规解决企业进项抵扣。根据平台系统内的运单一键申请,当天获得电子发票,业务真实,安全合法。

问题:这三类合作伙伴分别属于哪种类型的企业合作伙伴关系?

任务 4.2　合作伙伴关系管理

工作任务 ▶▶▶▶▶▶▶▶▶▶

通过一段时间的运作,小白联系到了很多货主企业、物流公司、车队、个体经营户、保险公司和银行,但是如何将这些企业发展成为自己的合作伙伴呢? 此时有人告诉小白,网络货运企业是道路货运供应链中的重要一环,要像生产供应链一样开发和管理自己的上下游企业。那小白公司应该如何开发和管理他的合作伙伴呢? 哪些合作伙伴是上游企业,哪些合作伙伴是下游企业呢?

请根据小白的问题,通过下面知识点的学习,并查询相关资料,掌握网络货运企业合作伙伴的开发和管理。

网络货运企业开发和管理合作伙伴的目标,是通过合作伙伴进一步扩大平台的市场占有率,提升平台的服务质量,保障运输需求供应。主要的合作伙伴类型包括:战略合作伙伴、市场合作伙伴和供应链合作伙伴。战略合作伙伴,主要在信息技术、银行、保险、GPS 等领域,可以支持平台稳定运行,丰富平台的增值服务功能;市场合作伙伴,主要在运输市场开发领域,可以扩大平台的市场份额;供应链合作伙伴,主要在运输供给领域,可以保障平台的基本运输服务功能和运力供应。

4.2.1　战略合作伙伴关系管理

1. 伙伴选择

战略合作伙伴选择主要通过市场调研以了解市场的情况、竞争环境、潜在战略合作伙伴的情况等,为战略合作伙伴选择提供决策依据和参考。市场调研的目的是降低合作风险、提高合作成功率,确保选择的合作伙伴与自身企业的战略目标和需求相匹配。

市场调研可以采取的步骤:

(1) 确定调研目标:明确调研的目的和目标,例如寻找合适的战略合作伙伴、了解市场竞争情况、探索新的合作机会等。

(2) 确定调研范围:根据目标确定调研的市场范围,例如国内还是国际市场、物流行业还是特定细分领域等。

(3) 收集信息:通过多种渠道收集相关信息,包括但不限于以下几个方面:第一,了解市场规模、增长趋势、主要参与者等;第二,分析竞争对手的规模、服务范围、市场份额、优势和劣势等;第三,寻找潜在的合作伙伴,了解其业务模式、专业能力、市场声誉等；第四，了解行业的发展趋势、政策法规变化、技术创新等。

（4）数据分析：对收集到的信息进行整理和分析，发现市场机会和潜在合作伙伴的优势和劣势。可以使用市场调研工具和方法，如 SWOT 分析、PESTEL 分析等。

（5）筛选战略合作伙伴：根据调研结果，筛选出符合网络货运企业需求和战略目标的合作伙伴。可以综合考虑合作伙伴的专业能力、资源实力、市场声誉、文化匹配度等因素。

（6）深入了解：与潜在战略合作伙伴进行深入的交流和了解，包括面谈、参观考察、合作案例研究等方式，以进一步确认其能力和合作意愿。

2. 合作协议

与战略合作伙伴签订合作协议，明确双方的权责和合作方式。战略合作协议应包括合作目标、合作范围、资源投入、责任分工、风险分担、合作期限等内容，以确保双方的权益和利益得到保障。

3. 沟通与协调

建立良好的沟通渠道和协调机制，确保双方能够及时、有效地沟通和协调合作事宜。定期召开战略合作伙伴会议、建立战略合作伙伴专属的沟通平台，可以帮助双方保持密切的合作关系。

4. 绩效评估

定期对战略合作伙伴的绩效进行评估和监控。通过设定合作指标和绩效评估体系，对战略合作伙伴的表现进行评估，及时发现问题并采取相应的改进措施。

5. 互利共赢

建立长期稳定的战略合作伙伴关系，追求互利共赢。网络货运企业应积极与战略合作伙伴合作，共同开拓市场、提升服务质量，实现双方的共同利益。

通过有效的战略合作伙伴关系管理，网络货运企业可以与合作伙伴建立良好的合作关系，共同推动业务发展，提升竞争力。

4.2.2　市场合作伙伴关系管理

道路货运市场合作伙伴主要包括货主客户、货运撮合平台和道路货运中介企业。货主客户主要是生产和流通企业，这些客户掌握大量货源，在目前供应大于需求的货运市场，网络货运企业需要加强与其的关系管理。货运撮合平台是指通过互联网技术和信息化手段，将货主和承运人进行撮合，实现货物运输需求与承运能力的匹配。道路货运中介企业是指小型企业作为中介，为货主和运输公司之间提供货运服务的角色。他们通常通过人际关系、口碑传播等方式建立起与货主和运输公司的联系，并协调货物的运输安排。

市场合作伙伴管理的主要方法如下：

（1）客户分类

将货主客户按照不同的标准进行分类，例如按照货物种类、运输需求、交易频率等进行分类。这有助于更好地了解客户需求，提供个性化的服务。

（2）客户档案管理

建立客户档案，包括客户的基本信息、联系方式、历史交易记录等。通过档案管理，可以随时查阅客户信息，为客户提供更加准确和高效的服务。

（3）客户关系维护

与货主客户保持良好的沟通和互动，建立稳固的合作关系。可以通过定期电话、邮件或面谈等方式与客户进行沟通，了解客户的需求和反馈，及时解决问题和提供帮助。

（4）客户满意度调查

定期进行客户满意度调查，了解客户对服务的评价和意见。通过调查结果，可以及时改进服务质量，提高客户满意度。

（5）客户奖励计划

设立客户奖励计划，对于长期合作、交易量大或者其他优质客户，给予一定的运费折扣或提供更多的增值服务，以增强客户的忠诚度和合作意愿。

（6）客户投诉处理

对于客户的投诉和意见，要及时进行处理和回应，确保客户的权益得到保障。通过积极解决问题，可以增强客户的信任和满意度。

（7）数据分析和预测

通过对客户数据的分析和预测，了解客户的货运需求变化，为客户制定专属的货物运输服务方案。利用数据分析工具和技术，挖掘潜在的客户需求。

4.2.3 供应链合作伙伴关系管理

供应链合作伙伴主要是物流企业和货运车队，他们为网络货运企业提供运输能力和资源支持，拥有广泛的运输网络和覆盖范围，具备专业知识和经验，灵活适应网络货运企业的需求。通过与物流企业和车队合作，网络货运企业可以实现高效的货物运输和供应链管理，提供优质的服务给客户。

供应链合作伙伴关系管理方法如下：

（1）选择合适的合作伙伴

网络货运企业需要选择与其业务需求相匹配的物流企业和车队作为合作伙伴。这包括考虑其运输能力、服务质量、覆盖范围等因素。选择合适的合作伙伴可以确保货物的安全和及时交付。

（2）建立合作伙伴关系

与物流企业和车队建立稳定的合作关系，建立合作框架和合同，明确各方的责任和权益。建立长期的合作关系可以提高合作伙伴之间的信任和合作度。

（3）信息共享和沟通

建立畅通的信息共享和沟通渠道，及时分享关键信息，包括订单信息、货物跟踪信息等。通过有效的信息共享和沟通，可以提高供应链的可见性和协调性，确保货物的准时配送。

（4）绩效评估和奖惩机制

建立供应链绩效评估和奖惩机制，对物流企业和车队的绩效进行评估，并根据绩效结果给予奖励或采取相应的纠正措施。可以激励合作伙伴提供更好的服务和表现。

（5）资源共享和协同合作

与物流企业和车队进行资源共享和协同合作，包括共享仓储设施、运输车辆等资源，以提高运输效率和降低成本。

（6）持续改进和合作伙伴发展

与物流企业和车队共同进行持续改进，包括流程改进、技术创新等。同时，也要关注合作伙伴的发展，提供支持和培训，共同提升供应链的能力和竞争力。

通过有效的合作伙伴关系管理，网络货运企业可以与物流企业和车队等供应链合作伙伴建立紧密的合作关系，实现供应链的高效运作、降低成本、提高客户满意度等目标。同时，也可以共同应对市场变化和挑战，实现共同的业务增长和发展。

任务 4.3 平台引入合作伙伴操作

经过数月的谈判公关,小白公司已经基本构建了一个基于道路货运供应链的上下游的合作伙伴体系。作为一家网络货运企业,现在需要将这些合作伙伴企业与网络货运平台系统对接。要实现道路货运供应链的信息流畅通,小白公司需要在网络货运平台上进行哪些操作呢?

请根据小白的问题,通过下面知识点的学习,并查询相关资料,掌握网络货运平台引入合作伙伴企业的操作。

4.3.1 邀请合作伙伴入驻平台

网络货运企业需要合作伙伴到平台上参与协同管理,例如货主需要邀请承运商在线接单,或者物流企业邀请货主在线下单。此时,可以在平台向合作伙伴发出平台入驻邀请,具体操作方式如下:

(1) 企业在"合作伙伴—托运/承运合作伙伴"页面复制"邀请托运/承运人注册链接",或者下载二维码发送给合作伙伴。

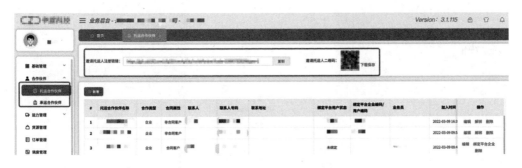

图 4-7 邀请托运/承运人注册链接

(2) 被邀请企业打开链接,或使用手机扫描二维码进入平台注册页面,按提示填写好相关信息,勾选隐私协议后点击"立即注册"。注册成功经平台审核,合作伙伴即可登录系统与平台企业展开协同合作。通过托运人注册,系统会自动分配货主版管理功能;通过承运人注册,系统会自动分配承运商管理功能。

图 4-8 邀请合作企业注册

（3）企业不需要合作伙伴参与协同，仅需内部记录合作方信息时，可以在"合作伙伴-托运/承运合作伙伴"页面直接点击"新增"，按照提示填写合作方信息并确认即可。

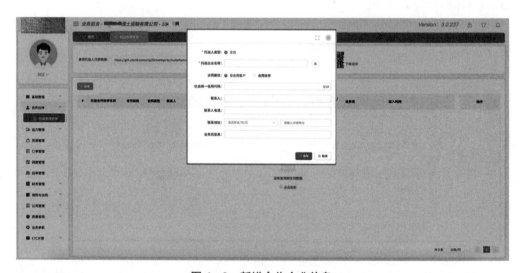

图 4-9 新增合作企业信息

4.3.2 平台的合作伙伴管理

通过邀请入驻方式或者内部添加方式添加成功的合作伙伴会出现在"托运/承运合作伙伴列表"中，平台管理者可对列表中的合作伙伴进行编辑、删除、绑定/解绑平台企业操作。

图 4 - 10　合作伙伴管理

编辑:对合作伙伴信息进行完善、编辑操作。

删除:对合作伙伴进行解绑且删除操作。

绑定平台企业:企业以内部添加方式管理的合作伙伴,如果能够通过"绑定平台企业"搜索到它的信息,说明该合作伙伴已经入驻平台,企业可以与它绑定开展业务协同。

解绑:合作伙伴与企业解除合作关系。

企业绑定网络货运平台后,该平台会出现在"合作伙伴-我的开票平台"列表中。货主/托运方在下单时可以选择把业务交给某个网络货运平台(企业)承运开票。

网络货运平台名称	合作开始时间	税率	合作状态
湖北易┄┄有限公司	2022-01-12 10:31:09	5.85%	合作中
┄┄和物流有限公司	2022-01-12 10:31:34	5.85%	合作中

图 4 - 11　网络货运平台(企业)承运开票

　　小白的网络货运企业邀请合作伙伴入驻平台,最根本的目的是跟合作伙伴在平台上共同开展业务,通过线上协同的方式提升业务组织效率和物流作业效率。小白的公司应该采取哪些方式进行协同作业?

　　请根据小白的问题,通过下面知识点的学习,并查询相关资料,掌握网络货运平台协同作业的方式。

4.4.1　多方协同作业的原理

　　网络货运平台通过互联网技术和大数据等先进技术的应用,能够实现上下游协同作业,其工作原理主要基于以下几个方面:

　　(1)信息共享与透明度:网络货运平台通过集中化的信息平台,将供应链上下游的各个环节(如托运人、承运人、货运司机等)紧密连接在一起。平台上的信息实时更新,各方可以实时查看货物的运输状态、车辆位置、运输线路等信息,提高了信息的透明度和共享程度。

　　(2)实时数据交互:网络货运平台通过 API 接口、数据交换协议等方式,实现与上下游企业系统的实时数据交互。这包括订单信息、物流信息、支付信息等,确保信息的准确性和实时性,使得上下游企业可以及时调整自身的业务计划和操作。

　　(3)智能化决策支持:网络货运平台利用大数据分析和人工智能技术,对收集到的海量数据进行挖掘和分析,为上下游企业提供智能化的决策支持。例如,通过对历史数据的分析,可以预测未来的运输需求,提前规划运输资源和路线;通过对实时数据的分析,可以及时发现运输过程中的问题,并采取相应的应对措施。

　　(4)协同作业流程:网络货运平台通过设定标准化的作业流程和协同机制,确保上下游企业在平台上能够高效协作。例如,通过设定统一的订单处理流程、运输作业规范等,可以减少沟通成本和操作失误,提高整体作业效率。

　　(5)风险管理与应对:网络货运平台通过实时监控货物的运输状态和风险情况,及时发现潜在的风险和问题,并采取相应的应对措施。同时,平台还可以为上下游企业提供风险预警和应对建议,帮助企业降低运输风险和提高风险管理水平。

　　综上所述,网络货运平台通过信息共享、实时数据交互、智能化决策支持、协同作业流程和风险管理与应对等机制,实现了上下游协同作业的工作原理。这不仅提高了物流运作的效率和透明度,还降低了运输成本和风险,为供应链上下游企业带来了实实在在的价值。

4.4.2　网络货运的协同作业方式

网络货运平台在产业链协同作业方面发挥着至关重要的作用,这种协同作业不仅优化了物流流程,还提高了整体效率,为货主和司机带来了前所未有的便利。网络货运的协同作业主要体现在以下几个方面:

1. 信息共享

信息共享作为网络货运平台协同方式的核心,发挥着至关重要的作用。平台通过高效的数据处理和传输技术,将各方信息进行整合,形成一个全面、准确、实时的信息库。这使得货主能够迅速了解货源情况,合理安排发货计划;运输企业可以实时掌握运力状况,优化运输路线和车辆调度;司机则可以便捷地获取订单信息,提高运输效率。

信息共享不仅有助于各方了解关键信息,更能够消除信息不对称现象。在传统的物流模式中,信息流通不畅,货主、运输企业和司机之间往往存在信息不对称的情况,导致决策失误、资源浪费等问题。而网络货运平台通过信息共享,使得各方都能够基于全面的信息进行决策,从而降低了风险,提高了决策的准确性和效率。

除此之外,信息共享还有助于建立信任机制,增强各方之间的合作意愿。在网络货运平台上,货主、运输企业和司机之间可以相互评价、监督,形成了一种良好的信用体系。这种信用体系不仅提高了各方的信任度,还激发了各方的合作意愿,推动了整个物流行业的协同发展。

2. 订单管理

订单管理

网络货运平台在订单管理环节展现出了其精细化的管理能力,确保每一个订单都能得到及时、有效的处理。这种高效的管理方式不仅提升了物流过程的透明度,还为货主和司机提供了实时的订单动态信息,使他们能够迅速应对可能出现的异常情况。

第一,网络货运平台通过先进的技术手段,实现了订单生成、确认、执行和结算等各个环节的自动化处理。当货主在平台上发布货运信息后,系统会自动匹配合适的司机,并生成详细的订单信息。这一过程中,平台会利用大数据分析、人工智能等技术手段,对订单进行智能调度和优化,确保货物能够快速、准确地送达目的地。

第二,平台在订单执行过程中提供了严密的监控机制。通过实时追踪货物的运输状态,平台能够确保货物在运输过程中的安全。同时,货主和司机也可以通过平台实时查看订单的最新动态,包括货物的位置、运输速度、预计到达时间等信息。这种实时的信息反馈机制,使得货主和司机能够随时掌握订单的最新情况,为可能出现的异常情况做好充分准备。

第三,网络货运平台还通过精细化的管理,实现了对订单结算的高效处理。当订单完成后,平台会自动计算运费并进行结算。这一过程中,平台会利用智能算法对运费进行精确计算,确保货主和司机的利益得到最大化保障。同时,平台还提供了多种结算方式供货主和司机选择,包括在线支付、银行转账等,以满足不同用户的需求。

1. 运输协同
2. 绑定银行卡

3. 运输协同

网络货运平台可以进行高效的运输协同作业。平台能够根据货物的具体情况和运输需求,智能调度合适的车辆和司机,规划出最优的运输路线。

在现代物流行业中,智能匹配技术的运用正日益凸显其重要性,并成为平台协同方式的关键环节。通过整合大数据和人工智能等尖端科技,智能匹配系统可以对货源和运力进行精准对接,实现资源的优化配置,从而极大地提升了物流效率。

在智能匹配的助力下,平台可以迅速分析货源信息,包括货物种类、数量、目的地等关键数据,并与现有的运力资源进行有效匹配。这种高效匹配不仅缩短了货物在途时间,减少了不必要的中间环节,更通过精确计算和合理调度,大幅度降低了物流成本。这种成本降低不仅为物流企业带来了实实在在的经济效益,也为整个物流行业的竞争力提升做出了积极贡献。

智能匹配技术的应用,对于应对物流行业的波动性和不确定性同样具有重要意义。物流行业受到多种外部因素的影响,如天气变化、交通状况、市场需求波动等,这些不可控因素常常导致物流服务的不稳定性和不可靠性。然而,借助智能匹配技术,平台可以实时监控物流状态,及时调整运力资源,确保物流服务的稳定性和可靠性,为客户提供更加优质的服务体验。

4. 在线支付

在当今数字化的时代,在线支付功能已经渗透我们生活的方方面面,成为现代社会运转不可或缺的一环。尤其在物流行业,这种功能的引入,无疑为货主与运输企业之间搭建了一座高效便捷的桥梁。

传统的支付方式,如现金交易、银行转账等,往往伴随着诸多不便和潜在的风险。它们可能需要在不同的银行、网点之间奔波,完成一系列烦琐的操作流程。这种方式不仅效率低下,还可能导致资金流转不畅,增加交易成本。此外,由于信息不对称和透明度不足,传统的支付方式还可能滋生欺诈和腐败行为,破坏物流市场的公平性和公正性。

相比之下,在线支付功能的引入,极大地改善了这一状况。通过在线支付,货主和运输企业可以随时随地完成费用结算,无需受到时间和地点的限制。这种支付方式不仅简化了操作流程,提高了资金流转效率,还大大降低了交易成本。更重要的是,在线支付通过电子化的记录和透明的交易过程,为物流市场营造了一个公平、公正的竞争环境。

在线支付的功能不仅仅局限于资金结算。通过电子化的数据记录和分析,货主和运输企业可以更好地了解市场需求、价格变动和交易趋势,为决策提供更加准确的数据支持。这种数据驱动的决策方式,有助于企业优化资源配置,提高运营效率,从而在激烈的市场竞争中脱颖而出。

此外,在线支付还能够增强各方的信任度。通过电子化的交易记录和信用评价体系,货主和运输企业可以更加准确地评估对方的信誉和可靠性,减少交易风险。这种信任机制的建立,有助于促进物流行业的健康发展,形成更加紧密、稳定的合作关系。

5. 实时监控

在现代物流服务中,实时监控已经成为平台协同方式不可或缺的一环。实时监控通过引入先进的科技手段,将传统的物流运输过程提升到了一个全新的水平。通过实时监控,平台可以对货物的运输过程进行全程跟踪和监控,确保货物能够安全、准时地到达目的地。

实时监控技术的引入,极大地提高了物流安全性。在传统的物流运输过程中,货物的安全往往依赖于运输人员的责任心和专业水平,但人为因素往往存在不确定性。而实时监控技术则可以通过安装在货物上的传感器和定位设备,实时获取货物的位置、状态等信息,一旦发现异常情况,立即进行预警和处理,从而大大降低了货物损失的风险。

此外,实时监控还有助于提升物流服务的客户满意度。客户可以通过平台提供的实时查询功能,随时了解货物的运输情况,从而更加放心地等待货物的到达。同时,实时监控还可以为客户提供更加准确的到货时间预测,避免了因信息不准确而导致的客户不满和投诉。

除了以上两点,实时监控还能够为货主和运输企业提供实时反馈和数据分析支持。通过对运输过程中产生的海量数据进行分析和挖掘,可以发现运输过程中的瓶颈和问题,从而帮助货主和运输企业更好地调整和优化物流策略。例如,通过对运输路线的实时分析,可以选择更加高效、安全的运输路线,降低运输成本和时间成本;通过对货物状态的实时分析,可以及时发现货物的损坏和丢失情况,及时进行处理和赔偿。

6. 数据分析

实时监控与
数据分析

作为平台协同方式的重要组成部分,数据分析通过对各方数据的整合和分析,为货主、运输企业等提供了有力的决策支持。这种数据分析不仅有助于优化物流过程,提高运营效率,还能够为整个行业提供有价值的市场洞察和发展趋势预测。

首先,数据分析能够帮助货主和运输企业更好地理解市场需求和竞争态势。通过对历史数据的挖掘和分析,企业可以了解货物运输的趋势、市场需求的变化以及竞争对手的情况,从而制定更加精准的营销策略和运输计划。这种基于数据的决策方式不仅可以提高企业的运营效率,还能够减少不必要的浪费和风险。

其次,数据分析还能够促进各方之间的深度合作和协同创新。通过对各方数据的共享和分析,不同企业可以相互了解彼此的优势和资源,形成更加紧密的合作关系。这种合作模式不仅可以提高整个物流行业的效率和服务质量,还能够推动行业的转型升级和可持续发展。

此外,数据分析还能够为物流行业提供有价值的市场洞察和发展趋势预测。通过对市场数据的分析,企业可以了解市场的需求和变化,预测未来的发展趋势,从而及时调整自身的战略和业务模式。这种前瞻性的思维方式可以帮助企业抓住市场的机遇,提高竞争力和市场份额。

网络货运平台的协同作业模式基于互联网技术，将货主、运输企业、司机等各方资源进行整合。货主可以通过平台发布货源信息，寻找合适的运输企业；运输企业则可以接收这些信息，并根据自己的运力情况选择是否接单。在运输过程中，司机可以通过平台获取运输任务，并按照预设路线进行货物运输。这种模式实现了信息共享，减少了中间环节，提高了物流效率。

课程思政

中央财经委员会第四次会议物流降本提法解读

习近平主持召开中央财经委员会第四次会议强调：推动新一轮大规模设备更新和消费品以旧换新 有效降低全社会物流成本

十八大以来，中央持续致力推动物流降本增效工作，并提出了一系列政策措施和指导意见。从现代物流规划的制定，到一系列降本增效纲领性文件，从顶层设计层面持续推进、加强引导。在多项重要措施推动下，我国全链条物流运行效率稳步改善。从统计数据来看，通常使用社会物流总费用与 GDP 比率这一指标衡量经济运行中投入的物流费用水平，即社会经济运行中的物流成本情况。2023 年我国社会物流总费用与 GDP 的比率为 14.4%，比疫情前的 2019 年下降 0.3 个百分点，比 2014 年下降了 2.2 个百分点，反映出我国社会物流成本水平稳步下降。

同时，在当前复杂经济环境下，发展新质生产力，促进实体经济发展和"双循环"格局形成也对物流降本增效提出了新要求。2 月 23 日召开的中央财经委第四次会议，结合当前经济发展环境和发展目标任务，对物流降本增效提升到一个新高度，做了再部署，有很多新提法，需要深入思考、深刻领会。

一是目标高度更高。近年来，现代物流为实体经济循环畅通提供重要支撑，物流降本增效主线始终如一。随着经济持续转型升级，强调降低全社会物流成本，成为提高经济运行效率，发展新质生产力的重要举措。物流作为实体经济的"筋络"，联接生产和消费、内贸和外贸，有效降低全社会物流成本，为实体经济"通筋活络"，增强产业核心竞争力，提高经济运行效率。

二是提法更精确。提出"有效降低全社会物流成本"。一方面，强调物流成本的社会性，即社会物流统计指标中的社会物流总费用。从统计数据来看，2023 年我国社会物流总费用 18.2 万亿元，这一指标不是物流行业成本的汇总合计，是从社会角度测算衡量经济运行过程中发生的运输、保管、管理三大环节多业态的物流成本费用（如物流服务费用、货物损耗成本、资金占用成本等）。从社会角度看成本，要正确认识物流成本的特殊性，降低社会物流成本不等于单纯地降低物流价格。另一方面，强调降本目标的针对性、措施手段的有效性。物流成本高形之于外，但成之于内，既有物流自身因素，比如物流基础设施、物流模式和物流主体企业都会影响物流承载能力和组织运行效率，更有社会因素，比如体制环境、经济和市场环境等也会对物流效率和成本产生重大影响。需要从社会角度，运用系统思维，分析成因，找准症结，对症下药，精准施策，才能有效降低社会物流成本。

三是出发点和落脚点更明确。强调物流是生产性服务业和生活性服务业，物流降成本的出发点和落脚点是服务实体经济和人民群众,立足于为生产和生活提供便捷高效的物流服务支撑。现代物流产业地位得到进一步巩固,物流要素与服务资源整合步伐加快,市场集中度提升,物流产业资源整合将持续助力效率提升和服务升级。从统计数据来看,2023年中国物流企业50强业务收入超过万亿元,占物流业总收入比重稳步提高。需要从产业角度,构建供需适配、内外联通、安全高效、智慧绿色的现代物流体系,形成一批具有较强国际竞争力的骨干物流企业和知名服务品牌,助力提升社会经济中的物流服务质量效率。

四是途径更深入目标更具体。强调主要途径是调结构、促改革,会议特别提及"基本前提是保持制造业比重基本稳定",有效降低运输、仓储和管理各环节物流成本。从统计数据来看,制造业物流总额占比超过八成,多数行业、领域物流成本占比较高。需要从企业角度,开展重点企业物流成本统计调查试点,建立各行业领域物流成本基点,形成细分行业物流成本对标体系,更好服务物流降本增效。

五是措施更系统。提出了几个重大举措:一是通过内部结构调整。要强化"公转铁""公转水",深化综合交通运输体系改革,形成统一高效、竞争有序的物流市场有助于运输物流效率提升。从统计数据来看,加快推进运输结构调整对物流效率提升具有一定成效,2023年集装箱铁水联运同比超过15%,多式联运占比稳步提升,货物运输平均运距、运输费用与GDP比率均有小幅回落。此举重在从体制机制层面促进物流一体化运作。二是通过技术模式创新。鼓励发展与平台经济、无人驾驶等技术结合的物流新模式,实现上下游联动降本提效。从统计数据来看,2023年中国物流与采购联合会科学技术奖获奖项目367项,项目申报数量连续12年持续保持增长,物流领域科技创新成果不断涌现,尤其体现在智能制造、无人技术、企业数字化转型、智慧供应链等方面,助力企业效率提升,服务模式优化。此举重在从技术层面促进物流服务模式升级。三是通过外部环境优化。一方面以基础设施联网优化为基础,统筹规划物流枢纽,优化交通基础设施建设和重大生产力布局。另一方面要通过深层次改革,有效降低制度性成本,通过结构调整有效降低结构性成本。物流营商环境持续优化,运输领域改革持续推进,车辆通行、货物通关等领域取得一定成效,网络节点、货运车辆经营许可等审批流程优化举措逐步落地实施。此举重在从规划布局层面促进物流高效运转的基础环境。四是通过模式拓宽物流服务模式创新。本次会议首次在降低社会物流成本路径中提到鼓励与低空经济结合,相关政策、规范性文件等陆续推出落地,相关产业走向规范发展,低空物流等新模式具有广阔的应用空间。此举重在拓展模式渠道促进物流效率提升。

综合来看,要深刻理解有效降低全社会物流成本的内涵与外延,从社会经济运行角度正视存在的跨运输方式阻塞、资源运输距离较长、库存资金占用高、流通环节重复、物流服务同质化等问题。物流服务要深刻融入实体经济供应链服务环节,增强物流产业核心竞争力,以高效能的物流服务助力经济高质量发展。

来源:中国物流信息中心

参考答案

一、不定项题

1. 下列不属于网络货运企业合作伙伴的是（　　）。
A. 托运伙伴　　　　　　　　　　　B. 承运伙伴
C. 增值伙伴　　　　　　　　　　　D. 三方伙伴

2. 增值伙伴可提供的服务包括（　　）。
A. 电子合同　　　　　　　　　　　B. 在线保险
C. ETC 开票　　　　　　　　　　　D. 电子围栏

3. 当开启电子围栏的自动签收时，司机在多长时间内到过运单"签收"地的范围内未点"签收"按钮，系统会自动签收？
A. 立刻　　　　　　　　　　　　　B. 48 小时
C. 12 小时　　　　　　　　　　　　D. 24 小时

4. 网络货运平台在线货运保险投保费率最低为（　　）。
A. 0.05‰　　　　　　　　　　　　B. 0.1‰
C. 1‰　　　　　　　　　　　　　　D. 0.2‰

5. 电子合同可用于哪些场景？
A. 托运人与承运人　　　　　　　　B. 承运人企业与外协司机
C. 托运人与外协司机　　　　　　　D. 平台与托运人

6. 属于供应链合作伙伴关系的是（　　）。
A. 托运伙伴　　　　　　　　　　　B. 承运伙伴
C. 增值伙伴　　　　　　　　　　　D. 三方伙伴

7. 属于战略合作伙伴关系的是（　　）。
A. 托运伙伴　　　　　　　　　　　B. 承运伙伴
C. 增值伙伴　　　　　　　　　　　D. 三方伙伴

8. 属于市场合作伙伴关系的是（　　）。
A. 托运伙伴　　　　　　　　　　　B. 承运伙伴
C. 增值伙伴　　　　　　　　　　　D. 三方伙伴

9. 邀请入驻平台的合作伙伴主要是（　　）。
A. 托运伙伴　　　　　　　　　　　B. 承运伙伴
C. 增值伙伴　　　　　　　　　　　D. 三方伙伴

10. 网络货运平台的信息共享，可以实现（　　）。
A. 合理安排发货计划　　　　　　　B. 消除信息不对称

C. 形成良好的信用体系　　　　　　D. 降低运输价格

11. 网络货运平台的订单管理可以实现哪些方面的自动化处理?
    A. 订单生成　　　　　　　　　　　B. 订单确认
    C. 订单执行　　　　　　　　　　　D. 订单结算

12. 网络货运平台的运输协同可以实现（　　　）。
    A. 调度司机　　　　　　　　　　　B. 调度车辆
    C. 规划线路　　　　　　　　　　　D. 调度货源

13. 传统货运的支付方式为（　　　）。
    A. 现金支付　　　　　　　　　　　B. 银行转账
    C. 微信支付　　　　　　　　　　　D. 支付宝支付

二、判断题

1. 网络货运企业的合作伙伴是指与网络货运企业建立合作关系的企业或个人,共同合作提供支持和服务,以推动平台业务的发展和用户满意度的提升。　（　　　）

2. 当开启电子围栏的业务限制时,司机在电子围栏范围以外依然可以操作揽件和签收。　（　　　）

3. 市场调研的目的是降低合作风险、提高合作成功率,确保选择的合作伙伴与自身企业的战略目标和需求相匹配。　（　　　）

4. 道路货运中介企业是指小型企业作为中介,为货主和运输公司之间提供货运服务的角色。他们通常通过人际关系、口碑传播等方式建立起与货主和运输公司的联系,并协调货物的运输安排。　（　　　）

5. 货主/托运方在下单时可以选择任意一家网络货运平台开票。　（　　　）

6. 能够通过"绑定平台企业"搜索到的合作伙伴,可以开展业务协同。　（　　　）

7. 通过在线支付,货主和运输企业必须在运输服务完成后才能完成费用结算,无需受到时间和地点的限制。　（　　　）

8. 通过实时监控,网络货运平台可以对货物的运输过程进行全程跟踪和监控,确保货物能够安全、准时地到达目的地。　（　　　）

9. 数据分析还能够为行业管理部门提供有价值的市场洞察和发展趋势预测。
　（　　　）

三、简答题

1. 简述市场合作伙伴管理的主要方法。

2. 简述供应链合作伙伴关系管理方法。

3. 网络货运平台多方协同作业的原理包括哪几个方面？

4. 网络货运企业合作伙伴关系分为哪几类，每一类主要是哪类企业？

网络货运企业业务运营

"路歌"成立于 2010 年,是国内领先的全链路数字货运服务商。自成立以来,始终引领和推动着货运行业的数字化变革,推出了中国物流行业首款 SaaS 产品、中国首批全链路数字货运平台及中国首个货车司机职业社区,打造了充满活力的货运数字化生态系统并提供一系列解决方案赋能货运行业各个参与方。

经过多年发展,路歌现已形成"全链路数字货运+货车司机社区+车后服务"多种新业态为一体的生态结构。截至 2021 年末,其全链路数字货运业务已为超过 9 600 家托运方及 230 万名货车司机提供了服务,完成总计超过 2 870 万份托运订单。公司拥有 4 个研发基地,20 余家分子公司,服务网络已覆盖全国,是中国"互联网+物流"行业的先驱者,是国内首批获得"无车承运人"资质试点企业。2021 年路歌全年线上 GTV (Gross Transaction Value,总交易额)达到 380 亿元人民币,整体规模稳居行业第一梯队。公司旗下卡友地带,致力于打造货车司机互助交流社区,截至 2021 年末,线上注册用户超过 270 万人次,线下互助分部覆盖全国 32 个省份 298 个城市。

凭借出色的成绩和优质的服务,路歌连续两年获得"中国民营企业 500 强""安徽民营企业营收百强""服务业百强"的荣誉,并被工信部、发改委、商务部评定为国家中小企业公共服务示范平台、全国智慧物流配送示范企业、骨干物流信息平台试点单位、国家级专精特新小巨人企业。2022 年 12 月,路歌蝉联《中国物流与采购》杂志发布的"网络货运平台 Top 10"榜首,持续保持行业领先地位。

路歌全链路数字货运解决方案,直击行业痛点,通过数字化运力采购、数字化业务运作、数字化财务结算三个环节,帮助物流企业构建标准化的内外部协同流程,对内打破部门壁垒,对外打开管理边界,提升全链路管理能力,实现综合成本与服务质量的最优化,推动全价值链的降本增效,帮助物流企业建立私域运力池、构建标准化的内外部协同流程,助力物流企业实现业务全流程的数字化。

任务 5.1　订单管理

　　小白的网络货运公司正式开始运营了，小黄是与小白合作的货主企业，小黑是与小白合作的物流公司，此时他们应该如何在网络货运平台操作，计算运输费？平台又能提供哪些保险？

　　请根据以上问题，通过下面知识点的学习，并查询相关资料，掌握网络货运平台订单管理的操作。

5.1.1　订单类型和下单模式

　　网络货运企业订单可以分为托运订单和承运订单两种类型。托运订单指企业作为货主/托运人，向承运企业所下的订单。承运订单指企业作为物流公司/承运人，接到的来自托运人的订单。平台物流企业有时会在托运人和承运人的身份之间转换。

　　网络货运平台的下单模式有以下几种方式，企业可以根据自身业务场景选择最适合的方式下单。

1. 常规下单

　　直接新建订单，用于托运方对指定承运方直接下单，由承运方为货主开具运输发票，双方对账结算。在平台"运营管理-订单管理"选择"新建订单"，填写收发货地址、货物信息和结算方式，指定承运人。

图 5-1　新建订单

图 5-2 订单详情

需要运输多种货物时,可以添加多种货物信息。订单数量比较多时,平台系统支持批量导入订单,通过导入的模板,根据字段说明填写好表格后即可进行数据导入。

2. 财税建单

用于货主/托运方有固定合作的外协司机,货主/托运方使用平台直接调车,司机配合 APP 接单操作,由平台为货主开具 9% 运输专票的下单,下单成功后外协司机会在 APP 上接到来单信息。货主/托运方在平台"运营管理-订单管理"选择"财税建单",选择给自己开票的网络货运平台企业。只有外协司机才能通过财税建单方式申请平台开票,企业自有司机(员工)不适用该方式。企业支付费用后,网络货运平台会为下单企业开具与订单金额面值相等的运输专用发票。

图 5-3 财税建单

"订单金额"表示该笔订单结算给司机的费用,"手续费率"表示开票平台收取开票手续费率,"总金额"的组成包括给司机的运费、开票平台的税费、保险费用(财税建单方式必须购买运输保险)。

图 5-4 订单金额

3. 结算建单

用于托运方通过网络货运平台自行调车,在运输完成以后的补录单,无需司机 APP 操作。平台对账结算后,由平台为托运方开具 9% 运输专票。托运方在平台"运营管理-订单管理"选择"结算建单",并在平台上传提货单和签收单据,系统会将关联运单自动结单,结算建单不支持在线购买保险。

图 5-5 结算建单

4. 下单派车

用于物流企业/承运方代货主下单,并在下单页面直接调度司机车辆的下单场景。物流企业/承运方在平台"运营管理-订单管理"选择"下单派车",填写订单详情,将托运人选择为货主企业,调度的司机为结算对象,其他信息按照实际情况填写。下单完成后,司机会在 APP 端接到任务。

图 5-6　下单派车

5. 快捷下单(数据导入)

承运方代托运方下单,通过导入 EXCEL 模板批量生成订单。承运方在平台"运营管理-订单管理"选择"数据导入",按照模板要求填写好订单数据,将填写好信息的模板上传系统,司机将在 APP 上接到运输任务。

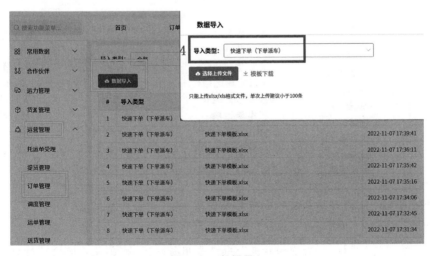

图 5-7　数据导入

5.1.2　运输费计价

运输费的计价方式通常根据运输货物的性质、运输距离、运输方式和市场供需等因

运费计算案
例和计价标
准

素来确定。常见的运输费计价方式包括:

(1)重量计价:按照货物的重量来计算运输费。例如,货物的重量可以按吨为单位进行计算,运输费按照每吨货物的价格来确定。

(2)体积计价:按照货物的体积来计算运输费。例如,货物的体积可以按立方米为单位进行计算,运输费按照每立方米货物的价格来确定。

(3)数量计价:按照货物的数量来计算运输费。例如,货物的数量可以按件、箱、托盘等单位进行计算,运输费按照每个单位货物的价格来确定。

(4)距离计价:按照货物的运输距离来计算运输费。通常以公里为单位进行计算,运输费按照每公里的价格来确定。

(5)时间计价:按照货物的运输时间来计算运输费。例如,货物的运输时间可以按小时、天数等单位进行计算,运输费按照每小时或每天的价格来确定。

不同的车型具有不同的运输能力和成本,因此在计算价格时会考虑车型的因素。一般来说,大型货车或长途运输货车的运输成本相对较高,因为它们具有更大的载重能力和较高的燃油消耗。因此,在运费计价时,要根据车型的不同设置不同的价格标准。

知识链接

道路货物运输车辆类型按照总质量、结构、运输货物种类、汽车动力和车辆种类分类,如下表所示:

表 5-1　道路货运车辆分类

总质量	结构	运输货物种类	汽车动力[g]	车辆种类
重型 中型 轻型 微型	栏板式 厢式 仓栅式 平板式 自卸式 罐式[a] 车辆运输[b] 集装箱运输[c] 低平板[d] 封闭式[e] 特殊结构	普通货物运输 大型物件运输 危险货物运输 专用货物运输[f] (罐式容器运输) (车辆运输) (集装箱运输) (冷藏保鲜运输)	汽油 柴油 气体燃料 两用燃料 双燃料 纯电动 混合动力 燃料电池	载货汽车 半挂牵引车 牵引货车 半挂车 中置轴挂车[h] 刚性杆挂车[i] 牵引杆挂车 半挂牵引拖台[j]

a "罐式"与"运输货物种类"中的"专用货物运输(罐式容器运输)"对应。

b "车辆运输"与"运输货物种类"中的"专用货物运输(车辆运输)"对应。

c "集装箱运输"与"运输货物种类"中的"专用货物运输(集装箱运输)"对应。

d "低平板"适用于"运输货物种类"中的"大型物件运输"以及"车辆种类"中的"半挂车"。

e "封闭式"适用于"车辆种类"中的"载货汽车"。

f "专用货物运输"是指"集装箱运输""冷藏保鲜运输""罐式容器运输"和"车辆运

输"中的一种。

g "汽车动力"中的各项适用于"车辆种类"中的"载货汽车""半挂牵引车"和"牵引货车"。

h "中置轴挂车"适用于"结构"中的"厢式""车辆运输"和"集装箱运输"。

i "刚性杆挂车"适用于"结构"中的"车辆运输"。

j "半挂牵引拖台"仅适用于"总质量"类别。

网络货运平台车辆一般为"普通货物运输",主要分为"厢式""仓栅式""平板式"。"厢式"车型有 2.5 米、4.5 米、6.8 米、9.6 米、13 米和 16 米六种长度,"仓栅式"车型有 4.5 米、6.8 米和 9.6 米三种长度。"平板式"车型有 9.6 米、10 米、12 米、13 米、13.5 米、16 米、17.5 米七种长度。

对于短途运输,一般情况下应使用微型货车或轻型货车进行运输,运费价格标准相对较低。而对于长途运输或大型货物运输,应使用中型货车或重型货车,运费价格标准相对较高。

此外,还需要考虑车型对运输效率和运输时间的影响。大型货车通常具有更高的运输效率,可以一次性运输更多的货物,从而减少了运输次数和时间成本。因此,在计算运费时,可能会根据车型的运输效率和运输时间进行调整。企业可以根据实际业务进行选择。但是一个订单里不管包含几种货物,都只能采用统一的计价方式。

5.1.3 结算与保险

1. 订单金额

订单金额是指托运方预计结算给承运方的运输费构成金额。可以采用按具体科目的单价或直接按总价计算总费用两种方式。以下是一些常见的托运订单金额计算科目。

(1)运输费用:根据货物的重量、体积和距离等来计算运输费用。通常会根据货物的重量或体积,按照一定的费率进行计算。

(2)包装费用:如果需要对货物进行包装,可能会收取包装费用。包装费用通常根据货物的尺寸、包装材料的成本和包装工作的复杂程度来计算。

(3)保险费用:如果货物需要购买运输保险,可能会收取保险费用。保险费用通常根据货物的价值和运输方式来计算。

(4)其他费用:根据具体情况,可能还会有其他费用,如装卸费、仓储费、关税等。这些费用的计算方式会根据实际情况而定。

2. 订单结算

网络货运平台的订单结算方式可以根据平台的具体规定和服务模式而有所不同,

企业可以根据实际业务进行选择。以下是一些常见的网络货运平台订单结算方式。

（1）提前支付（预付）：在下单时，用户需要提前支付订单的全部或部分费用。这种方式可以确保货运平台或承运方在服务前收到费用，并减少未支付订单的风险。

（2）货到付款（到付）：用户在收到货物后，直接向货运平台支付订单的费用。这种方式具有一定的灵活性，可以让用户在确认货物无误后再进行支付。

（3）周期支付：这种方式通常适用于长期合作的客户或大宗货运订单。具体的可以按月、季或年支付方式。在结算周期结束后，平台会根据客户的订单量和费用，生成一个月度、季度或年度结算账单。

（4）回单支付：通常适用于一些特定的货运场景，例如货物送达后需要进行验收或确认的情况。这种方式可以确保收货方在确认货物无误后再进行支付，提供一定的安全性和保障。

3. 货物保险

托运方可以自愿选择是否购买货物保险，保险费率根据货物价值、保险类型和保险公司政策不同有所变化。以下是一些常见的道路运输货物保险类型。

（1）全保险（All Risks）：全保险是最全面的货物保险形式，覆盖几乎所有的风险，包括意外事故、火灾、盗窃、自然灾害等。全保险通常提供最高的保障，但保险费率也相对较高。

（2）基本险（Basic Coverage）：基本险是一种较为简单的货物保险形式，通常只覆盖特定的风险，如火灾、爆炸、碰撞等。基本险的保障范围相对较窄，保险费率相对较低。

（3）盗窃险（Theft Coverage）：盗窃险主要保护货物在运输过程中被盗窃的风险。这种保险形式通常适用于货物价值较高或易受盗窃的情况。

（4）碰撞险（Collision Coverage）：碰撞险主要保护货物在运输过程中发生碰撞、倾覆等意外事故导致的损失。这种保险形式适用于货物运输过程中可能遇到的交通事故风险。

（5）自然灾害险（Natural Disaster Coverage）：自然灾害险主要保护货物在运输过程中受到自然灾害（如地震、洪水、飓风等）影响导致的损失。

对订单实施调度时，承运企业可以为本次运输任务进行货物投保。货运保险属于平台增值服务功能，投保前要先联系平台客服开通在线保险功能。

5.1.4　运输专用发票与司机代收

1. 运输专用发票

运输专用发票是指用于记录货物运输服务的费用和相关信息的发票。它是根据中国税务法规规定，由提供货物运输服务的企业开具给货主或委托人的一种特殊发票，属于增值税专用发票的一种类型。托运方可以通过网络货运平台获取运输专用发票，用

"财税建单"或"结算建单"方式从网络货运平台调车,在下单时选择开票平台。网络货运平台开票通常会涉及一定的开票税率和手续费,具体参见各网络货运平台的收费标准。下单成功后,对应的网络货运平台会为托运方提供发票,发票面值与订单金额相等。

总金额是托运人在本次下单中实际承担的费用,具体计算方式如下:

$$订单总金额＝运输费＋货运保险＋开票费用$$

2. 司机代收

司机代收是指在货物运输过程中,司机代表托运人(货主或发货方)收取货款的一种服务方式。司机代收货款的目的是方便托运人(货主或发货方),减少货款的流转环节和提高货款的安全性。在司机代收货款的情况下,司机会在交付货物的同时收取货款,并将货款交给托运人(货主或发货方)。司机通常会在收款时提供相应的收据或收款凭证,以确保交易的透明和可追溯性。平台会在司机交付货物的同时与其结算货款,再由司机将货款交给托运人(货主或发货方)。

司机代收货款的具体方式和费用可以根据双方的协商而定。有些司机可能会收取一定的代收费用或提成作为代收货款的报酬,而有些司机可能会提供免费的代收服务。

一般情况下平台默认结算对象为司机,但也支持司机委托他人收款。在调车环节选择司机时,托运人必须确认结算对象,结算对象一旦选定,付款时不能修改。代收货款金额超过个税起征点,平台按税法相关规定行使代征义务。

图 5-8　代收货款

调车企业(托运人)要确保代收的合法性,需要向平台提供以下资料:

(1) 与实际承运人(司机)签订的委托运输协议;

(2) 实际承运人(司机)跟收款人不是同一人时,需要提供运输人签章的委托代收协议;

(3) 与司机结算运费的资金流水单。

任务 5.2 货源管理

　　小黄作为平台合作的货主企业,每次需要运输的货物的量不同,对于运输货物的服务要求也不同,此时小黄在平台上应该怎样操作?

　　请根据以上的问题,通过下面知识点的学习,并查询相关资料,掌握网络货运平台货源管理的操作。

5.2.1 货源分类

　　货源管理是指货主/托运人没有指定承运对象或要竞价招标时,通过平台找车承运的业务场景。

1. 按运输方式分类

　　可以分为整车货源和零担货源。

　　整车运输是指将货物从起始地点直接运输到目的地的运输方式,货物通常以整车的形式进行运输。整车运输可以包括货车、卡车、集装箱车等不同类型的车辆,根据货物的性质和运输需求选择适当的车辆进行运输。整车运输具有快速性、安全性、灵活性;适用于大宗货物运输、远距离运输、对货物安全要求较高、对运输时间要求紧迫的货物。

　　零担运输是指将货物按照一定的规格和数量进行分拨,与其他货物混装在同一车辆中进行运输的方式。相比于整车运输,零担运输可以更灵活地满足小批量货物的运输需求。零担运输具有经济性,适用于小批量货物运输、配送范围广、灵活性要求高的货物。

2. 按出价方式

　　可以分为竞价货源和固定价格货源。

　　竞价货源是指货主通过竞价的方式选择运输服务提供商的货源。在竞价货源中,货主会发布货物的运输需求和要求,运输服务提供商可以根据自身条件和价格进行竞标,最终货主选择最合适的竞标方进行运输。

　　固定价格货源是指货物运输中,货主和运输服务提供商事先达成协议,确定了固定的价格和条件的货源。在固定价格货源中,货主和运输服务提供商之间达成一致,货物的运输价格和服务内容在协议中明确规定,不会随市场变化而变动。固定价格的特点包括预算可控、简化结算、透明度高、减少货主风险。固定价格适用于货运需求稳定、有长期合作伙伴关系、风险可控要求高的货物。

3. 按招标范围

可以分为公开货源和指定货源。公开货源是指货主公开发布货物的运输需求和要求，供所有运输服务提供商进行竞标或报价的货源。在公开货源中，货主将货物的相关信息公开，供运输服务提供商自行竞标或报价，货主可以根据竞标方或报价方的条件和价格选择最合适的合作伙伴。指定货源是指货主或物流公司直接指定特定的运输服务提供商进行货物的运输。在指定货源中，货主或物流公司根据其需求和要求，选择特定的运输服务提供商进行合作，而不是通过竞标或公开报价的方式选择合作伙伴。

货源操作的一般流程如下：

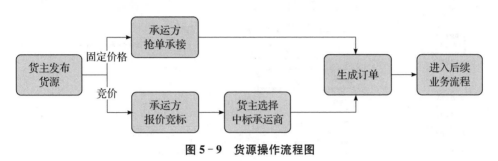

图 5-9　货源操作流程图

5.2.2　货源发布

1. 选择运输方式

在"货源管理"页面选择"发布货源"，填写货源信息。运输方式选择"整车"运输或者"零担"运输。

图 5-10　运输方式选择

2. 选择出价方式

一般情况下网络货运平台系统默认出价方式为"固定价格"，默认发布范围为全平台公开发布。采用此种方式发布后，货源会出现在网络货运平台的货源池里供人抢单，先抢到者承接此业务。

图 5-11 出价方式选择

托运人也可以将出价方式调整为"竞价"，采用招标方式发布货源。货主/托运人如果想在线招标，可以采用竞价方式发布货源，综合竞标者的报价和资质来选择最终的合作对象。竞价货源的发布方式与普通货源类似，只要在"出价方式"上选择"竞价"即可。竞价货源发布成功后，企业可以前往"货源管理"查看收到的报价，结合报价和承运人资质选择最终的合作对象。

图 5-12 竞价

已发布的货源会出现在"货源管理"的列表中。面向全平台发布的货源,全平台可见;面向指定对象发布的货源,仅发布者和指定对象可见。企业可以按条件搜索货源、查看货源详情以及对货源进行货源搜索,查看货源详情,进行抢单、报价或委托,货源作废或直接委托等操作。

图 5-13　货源池

（1）货源搜索

企业可以通过各种关键词搜索和过滤货源信息,寻找目标货源。通过货源类型搜索,可以筛选出自己发布或自己参与报价的货源信息。

（2）货源详情

在货源列表中点击货源编号可以查看详情,以便对货源进行下一步操作。

（3）抢单、报价或委托

物流企业发现目标货源可以立即抢单或报价。抢单成功后开始进入承运环节。竞价货源需要向上报价,填写报价金额,等待货源发布者反馈竞价结果。如果竞价成功,企业会在"订单"列表中收到新的承运订单。

图 5-14　报价

货源发布企业接到报价后,可以从报价者中选择中标企业委托订单。确认委托后,在"订单"列表中会生成新的托运订单。

(4)货源作废或直接委托

货源发布后,如果没有接到合适的报价,发布者可以直接作废撤销货源,或者通过"委托订单"将该货源直接派给承运合作伙伴。

3. 选择发布范围

托运人还可以将货源发布范围调整为指定对象,仅对指定的承运合作伙伴发布。只有指定的承运合作伙伴才能看到该货源,实施抢单操作。

图 5‑15　选择货源的发布对象

4. 选择洽谈时间

平台系统默认货源洽谈时间为 1 天,即发布后 24 小时内该信息有效。超过 24 小时未达成合作,货源自动作废。企业可以自行调节洽谈时限。

图 5‑16　选择洽谈时间

5. 批量发布

平台系统支持复制和批量发布货源。选择"继续发布"复制本货源;选择批量发布按填写数量生成多条相同的货源信息。

图 5 - 17 批量发布货源

5.2.3 计划管理

运输合同中运输货物数量较大,且从多地揽件配送到多地,同时合同期间有多次结算需求的,平台系统提供"计划管理"功能。

在网络货运平台"货源管理 - 计划管理"可以"新增计划",填写计划名称,选择"计划类型"。当货主企业发布计划选择"托运计划",物流企业发布计划选择"承运计划",货物信息等根据实际情况填写。

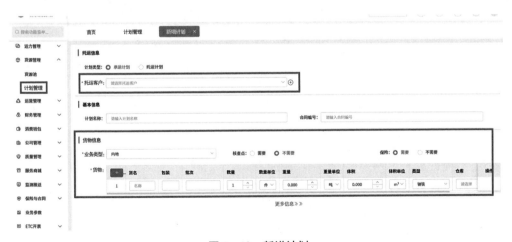

图 5 - 18 新增计划

在"计划管理"中,有运输需求的可通过对计划的编辑增加运输货物的相关信息。

图 5‑19　计划管理

如果在做计划时填写了收发货地址,系统将默认计划地址为运送地址。也可以在"货物"信息中,为本次运输修改运输量等信息。计划量、运输量、余量等信息将在后期计划中显示。

任务 5.3 调度管理

工作任务 ▶▶▶▶▶▶▶▶▶▶

小黑作为平台合作的物流企业，接到客户的订单，需要安排车辆和司机进行运输，每个客户的运输需求不同，有的客户运输的量小，有的客户运输的量大，此时小黑在平台上应该怎样操作？

请根据以上的问题，通过下面知识点的学习，并查询相关资料，掌握网络货运平台调度管理的操作。

5.3.1 调度状态

物流企业可以通过系统平台订单列表搜索承运订单，执行批量承运操作。物流企业也可以查看订单详情，在"订单详情"页面选择承运、直接调度或业务转包。

1. 调度状态

平台系统调度单有六种状态，对应的运输阶段和可执行的操作如下。

（1）已派车：已经调度车辆和司机，但司机还未在 APP 上进行接单操作。此时可修改结算价或作废调度单。

（2）已接单：已经调度车辆和司机，且司机已经在 APP 上进行接单操作。此时可修改结算价或作废调度单。

（3）驾驶员已拒绝：已经调度车辆和司机，但是司机在 APP 上操作了拒单。此时原调度单不可再执行操作，只能另行发起调度。

（4）运输中：司机已在 APP 上操作揽件，尚未操作签收。此时暂不支持其他操作。

（5）已完成：司机已在 APP 上操作签收，本趟运输完成。此时可以对司机进行评价。

（6）已作废：本调度已作废处理。

2. 调度列表

企业发布的调度单都会出现在平台调度管理的列表中，包括运输信息、货物信息、司机载具信息、费用信息等。

图 5‑20　调度管理

从调度列表可以查看本次运输任务相关的提货文件。提货文件是企业授权司机在仓库提货的凭证,调度列表和司机端 APP 都可以查看。调度的订单中如果涉及到指定仓库提货,系统会根据订单信息和仓库信息匹配企业印章,自动生成提货文件。司机需要出示提货文件用于提货。一些涉及企业电子签章的业务功能,例如电子合同、提货文件等,需要企业提前在证件信息中上传合法有效的企业印章图片,否则会影响业务流程。

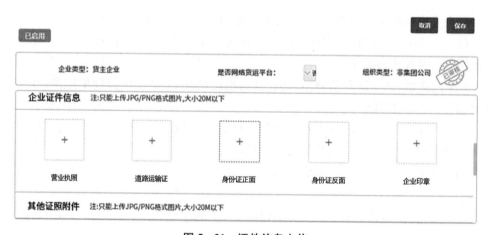

图 5‑21　证件信息上传

调度司机和载具时,需要上传与司机签订的货物运输合同。合同分为电子合同和纸质合同。电子合同需要企业提前开通电子合同功能。电子合同可以解决企业使用外协司机合同签署难的问题,可用于托运人与承运人之间的货运协议、承运人企业与外协司机之间的运输协议等场景,属于网络货运平台的增值服务功能。纸质合同只需要企业填写纸质合同编号,并拍照上传系统。

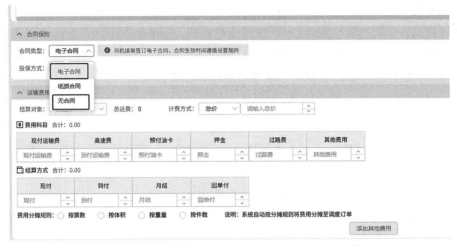

图 5-22　合同上传

5.3.2　新建调度

新建调度分为整车业务和零担业务。

如果是整车业务,企业承运订单后,接下来要委派司机与车辆。调度人员可以在系统内看到有余量的订单,可以对单个或多个订单实施调度,可以查找出相同发货或收货地址的订单,一次性调车。选择订单后,企业需要完善调度信息,包括司机载具信息、装货时间、费用信息等等。确认发布后,司机会在 APP 端接到任务提醒。某个订单如果没有一次性调度完,可以再次发起调度。只要订单存在余量,发起调度时就会出现在可调度订单列表中。

图 5-23　余量订单查询

如果是零担业务,客户托运的货物送到物流园或仓库完成入库后,在物流园或仓库完成与其他客户货物的配载,进入干线运输的司机、车辆安排环节。先选择到达网点,系统会自动匹配出目的地为到达网点的订单,此时选中车辆配载的多个订单实施调度。完善调度信息后,司机会在 APP 端接到零担运输任务提醒。

图 5 - 24　选择到达网点

5.3.3　选择司机

在新建调度时,可选择指派司机(驾驶员)或者由司机(驾驶员)抢单。

1. 指派司机

　　指派司机是指货主或者物流企业根据具体的运输需求,将特定的任务或路线分配给某位司机执行的过程。通过指派司机,货主或物流企业根据运输需求和司机的能力、经验、地理位置等因素,选择合适的司机进行指派。通过有效指派司机,企业可以更好地管理和调度运输资源,提高运输效率和服务质量,确保货物安全并准时交付。完善调度信息时,在填写载具和驾驶员信息处,发布方式选择"指派"。当订单量大,单个司机无法完成运输任务时,调度还可以指派给某一个车队。

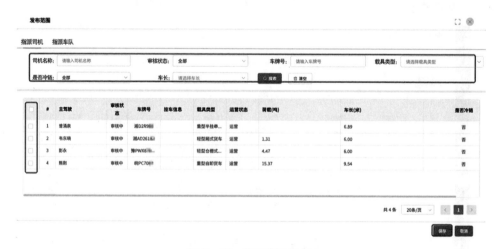

图 5 - 25　指派车队司机

　　创建完调度单后,指定的驾驶员或者指定车队的驾驶员就能接收到订单任务。

　　企业进行调度时,如果企业运力池中司机载具忙或无法满足调度单需求时,网络货运平台可根据收发货地址、货物信息等推荐合适的司机。

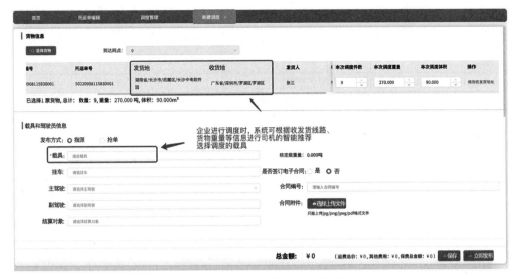

图 5-26　调度单推荐司机载具

在选择载具时,可选择"智能推荐"页面,网络货运平台将筛选出符合要求的司机和载具,可将司机和载具到勾选至调度单中,同时引入企业运力池。

2. 司机抢单

司机抢单是指司机根据自身的条件和能力,主动竞争和争取特定的订单或任务。抢单通常是基于竞争的方式,司机需要尽快响应和确认订单,以便获得该订单的执行权。抢单的优势在于司机可以根据自身的条件和能力选择适合自己的订单,提高工作的灵活性和效率。然而,抢单也存在竞争激烈和不确定性的问题,需要司机具备快速响应和高效执行任务的能力。完善调度信息时,在填写载具和驾驶员信息处,发布方式选择"抢单"。

图 5-27　调度设置抢单

司机登录网络货运平台 APP 在"货源"处,可查看抢单货源。

驾驶员需要抢单有两个条件必须满足:第一,司机(驾驶员)使用网络货运平台司机端 APP 注册时选择了关联该企业,或者企业将该名驾驶员引入到自己企业的运力池中。第二,司机(驾驶员)需要登录网络货运平台司机端 APP,上传车辆信息并绑定默认车辆。

如果调度单一直未被驾驶员抢单,可在"调度详情"页面进行加价、撤回或者作废的处理。

图5-28　司机抢单

图5-29　加价、撤回或者作废

1.交通运输部《关于修改〈道路货物运输及站场管理规定〉的决定》
2.附件1—4

课程思政

《道路货物运输及站场管理规定》解读

近日,交通运输部公布了《关于修改〈道路货物运输及站场管理规定〉的决定》(交通运输部令2022年第30号令),自公布之日起施行。为便于有关单位和社会公众更好地理解相关内容,切实做好贯彻实施工作,现解读如下:

一是为落实国务院"放管服"改革决定和《道路运输条例》相关修改内容,将道路货物运输站(场)经营许可改为备案管理,明确备案材料要求、程序要求、备案公开监督要求以及不按规定备案的罚则。在保留现有监管措施的基础上,按照国务院关于推动站(场)运营标准化和加强信用监管、建立诚信考核制度的要求,对货运站标准化运营和信用管理作了原则性规定。

二是根据《国务院关于取消和调整一批罚款事项的决定》(国发〔2022〕15 号,以下简称《决定》)的有关要求,对属于规章立法权限范围内的处罚规定,进行了相应调整,主要是下调了取得道路普通货物运输经营许可的经营者使用无道路运输证的车辆参加货物运输的罚款数额,对于《决定》中明确的其他涉及本规章的罚款事项,根据《决定》要求,待上位法修订出台后,再及时修改规章。

三是依据新出台的法规,对规章中引用的相关法规名称及个别文字进行了相应调整,以与相关法规严格保持一致。

来源:交通运输部

课后练习 ▶▶▶▶▶▶▶▶▶▶▶▶

参考答案

一、不定项题

1. 网络货运平台上货主下的订单称为(　　　)。
A. 承运订单
B. 托运订单
C. 提货订单
D. 送货订单

2. 物流公司接到的来自托运人的订单称为(　　　)。
A. 承运订单
B. 托运订单
C. 提货订单
D. 送货订单

3. 托运方对指定承运方直接下单,由承运方为货主开具运输发票,双方对账结算,称为(　　　)。
A. 财税建单
B. 常规下单
C. 结算建单
D. 下单派车

4. 货主通过网络货运平台下单给固定合作的外协司机,称为(　　　)。
A. 财税建单
B. 常规下单
C. 结算建单
D. 下单派车

5. 网络货运平台下单时,"总金额"包括(　　　)。
A. 运费
B. 税费
C. 保险费
D. 中介费

6. 物流企业/承运方代货主下单,并在下单页面直接调度司机车辆的下单场景,属于（　　）。

    A. 结算建单
    B. 下单派车

    C. 财税建单
    D. 常规下单

7. 承运方代托运方下单，通过 EXCEL 模板导入方式批量生成订单，属于（　　）。

    A. 财税建单
    B. 下单派车

    C. 快捷下单
    D. 结算建单

8. 钢材运输的运费一般按哪种方式计价？

    A. 数量计价
    B. 体积计价

    C. 重量计价
    D. 长度计价

9. "专用货物运输"是指（　　）。

    A. 集装箱运输
    B. 冷藏保鲜运输

    C. 车辆运输
    D. 罐式容器运输

10. 网络货运平台运输普通货物的车型按照结构一般分为（　　）。

    A. 厢式
    B. 仓栅式

    C. 平板式
    D. 自卸式

11. 托运订单金额计算科目包括（　　）。

    A. 运输费用
    B. 包装费用

    C. 保险费用
    D. 其他费用

12. 网络货运平台订单结算方式包括（　　）。

    A. 到付
    B. 周期支付

    C. 预付
    D. 回单支付

13. 货物按照一定的规格和数量进行分拨，与其他货物混装在同一车辆中进行运输的方式，属于（　　）。

    A. 整车运输
    B. 零担运输

    C. 城市配送
    D. 干线运输

14. 网络货运平台货源按出价方式分为（　　）。

    A. 公开货源
    B. 竞价货源

    C. 固定价格货源
    D. 指定货源

15. 司机已在 APP 上操作揽件，尚未操作签收，此时属于哪种调度状态？

    A. 已接单
    B. 已派车

    C. 运输中
    D. 已完成

二、判断题

1. 新建订单时，一个订单只能对应一种货物。　　　　　　　　　　　（　　）

2. 财税建单的订单,由平台为货主开具9%运输专票。 （ ）

3. 财税建单适用于企业自有司机(员工)。 （ ）

4. 网络货运平台下单过程中,"订单金额"表示该笔订单结算给司机的费用。

（ ）

5. 网络货运平台下单过程中,"手续费率"表示开票平台收取开票手续费率。

（ ）

6. 结算建单用于托运方通过网络货运平台自行调车,托运方需要在平台上传提货单和签收单据。 （ ）

7. 结算建单可以在线购买保险。 （ ）

8. 运费计价时,不同的车型价格标准不同。 （ ）

9. 装卸搬运费属于托运订单金额计算科目中的其他费用。 （ ）

10. 运输专用发票是指用于记录货物运输服务的费用和相关信息的发票,属于专业发票。 （ ）

11. 托运人指定货源发布的对象,仅针对指定的承运合作伙伴。 （ ）

12. 货源洽谈时间平台系统默认发布后24小时内有效。 （ ）

13. 提货文件是收货人从仓库提货的凭证。 （ ）

14. 调度司机和载具时,必须上传与司机签订的纸质货物运输合同。 （ ）

三、简答题

1. 简述货物保险类型。

2. 简述网络货运平台司机代收货款的操作流程。

3. 固定价格货源有什么特点,适用于哪些客户的货物?

4. 货主企业在网络货运平台上发布货源后,如果没有合适的报价,货主企业应该如何处理?

5. 企业进行调度时,如果企业运力池中司机载具忙或无法满足调度单需求时,企业应该如何利用网络货运平台进行调度?

6. 简述驾驶员(司机)需要抢单必须满足的条件。

项目 **6**

网络货运企业支付及报表管理

学习情境

　　"金融支付"是网络货运平台必备的八大功能之一。平台要能够提供在线支付服务，并具备核销对账、交易明细查询、生成资金流水单等功能。这一功能旨在让资金流水明细可查，为托运人、实际承运人以及平台自身提供便捷、安全的支付与结算服务。

　　"金融支付"功能可以支持多种支付方式，包括银行转账、第三方支付平台等，以满足不同用户的需求。此外，该功能还能提供实时交易明细查询，让用户随时了解账户变动情况，确保资金安全。同时，生成资金流水单的功能也有助于用户进行财务管理和核对。

　　在网络货运平台上，"金融支付"功能的实现需要与银行等金融机构、第三方支付平台合作，以确保支付流程的顺畅和安全。此外，平台还需要建立完善的资金管理制度和风险控制机制，保障用户资金的安全和合法使用。

任务 6.1 应收应付业务

小黑作为平台合作的物流企业，当完成一个运输订单后，需要收取货主的费用，同时需要给司机支付费用，此时小黑应该如何计算费用，在平台上应该怎样操作？

网络货运应收应付业务是指在网络货运过程中，涉及货物运输和相关服务的收入和支出的业务活动，主要包括应收业务和应付业务两个方面。请根据以上的问题，通过下面知识点的学习，并查询相关资料，掌握网络货运平台应收、应付业务的操作。

6.1.1 应收业务

应收业务是货运企业的主要收入来源之一，涉及为客户提供货物运输及相关衍生服务所产生的收入。具体内容包括：

1. 运输主收入

运输主收入计算方式可以根据行业惯例或双方协商确定。具体的计算方法可能会因不同的货运企业或行业而有所不同，以下是一些常见的计算方式。

（1）基础计费：基础计费是根据货物的运输距离来计算的。通常，货运企业会根据一定的距离段划分费率，例如按照每公里、每百公里或每千公里等来计费。

$$运输费用＝运输距离×单位距离费$$

（2）重量计费：对于重量较大的货物，运输费用可能会根据货物的重量来计算。货运企业通常会设定重量单位（如吨、千克）和相应的费率，根据货物的实际重量来计算运输费用。

$$运输费用＝货物重量×单位重量费$$

（3）体积计费：对于体积较大但重量较轻的货物，运输费用可能会根据货物的体积来计算。货运企业通常会设定体积单位（如立方米、立方英尺）和相应的费率，根据货物的实际体积来计算运输费用。

$$运输费用＝货物体积×单位体积费$$

（4）组合计费：有些情况下，货运企业会综合考虑货物的重量和体积来计算运输费用，采用重量与体积的较大值作为计费依据。这样可以确保运输费用能够兼顾货物的实际情况。

运输费用＝max(货物重量×单位重量费,货物体积×单位体积费)

2. 附加收入

除了运输主收入外,货运企业还可能通过某些附加业务向客户收取一定报酬形成附加收入,如装卸费、仓储费、包装费、出租设备费等。这些费用通常是根据实际服务提供的额外工作量来确定的。

3. 其他收入

其他收入主要是指与营运无关的一些收入,如政府补贴收入、捐赠、赔付、违约金等。

6.1.2 应付业务

网络货运中企业的应付业务主要指与货物运输相关的费用和支出。应付业务的主要内容包括以下内容。

(1) 运输直接成本:货运企业在营运过程与主运输收入有关的成本支出,从大类上根据成本的性质可分为物耗成本和人工成本、直接成本和间接成本等,具体主要包括燃油费、路桥费、高速费、停车费等与车辆运行相关的成本以及与具体运输岗位有关的人工成本,如司机的人工成本。这些成本会根据运输的距离、货物的重量和体积以及运输工具的类型等因素有所不同。

(2) 人力成本:包括驾驶员、仓库管理人员、客服人员等的工资和福利。这些成本和费用是货运企业运营的必要支出,也是企业成本和费用的重要组成部分。

(3) 折旧和摊销费用:货运企业通常会拥有一定数量的运输工具和设备、经营场所、无形资产。这些资产在使用过程中因价值转移而减值,因此需要通过折旧或摊销来反映这种价值损耗。

(4) 维修费用:运输工具和设备在使用过程中可能会出现故障或损坏,需要进行维修和保养。这些费用也是货运企业运营过程中必不可少的支出。

(5) 保险费用:为了保障货物运输的安全和减少潜在风险,货运企业通常需要购买货物运输保险。这些保险费用会根据货物的价值、运输距离和风险等因素而有所不同。

(6) 其他费用:包括赔偿、自然灾害导致的非正常损失、停车费、过路费、罚款等支出。这些费用的发生虽然有时和企业运营没有直接关系,但也需要企业进行支付。

需要注意的是,以上只是货运企业在运输过程中可能面临的一部分成本和费用,具体还会受到企业规模、运营模式、市场环境等多种因素的影响有所差异。因此,货运企业在制定费用预算和成本控制策略时,需要综合考虑各种因素,确保企业的稳健运营和持续发展。

6.1.3 账单管理

企业从上游接到的订单或交给下游承运的订单在系统上是"已完成"状态时,会自动生成账单进入"财务管理"模块下的"应收应付账单"里。

图6-1 应收应付账单

1. 账单列表

基于平台交易产生的费用将按照规范格式自动生成账单。账单内容包括费用类型、金额、计算方式及付款期限等关键信息。生成的账单将经过严格的审核程序,以确保账单内容的准确性和合规性。

(1)应付账单

企业在网络货运平台上产生的应付账单,通常包括从平台上采购的运输服务、仓配服务或其他资源所产生的应付金额,这些款项需要按照合同或协议的规定,在特定的时间节点进行支付。应付账单通常会详细列出每笔应付款项的金额、支付日期、支付方式等详细信息,以便企业进行财务管理和资金规划。

根据不同的性质和用途对应付账单进行分类,例如"调度单"是企业调度车辆后需要支付给司机的费用;"订单"是企业采购商品或运输服务后,需要支付给相关供应商的费用;"提货单"和"送货单"是委托上门提货和送货上门所需承担的费用。

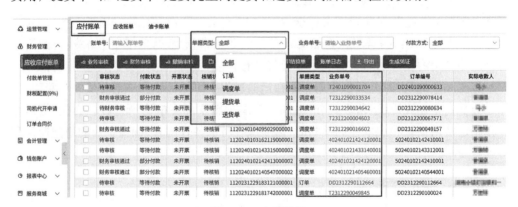

图6-2 应付账单

账单根据付款状态可以分为已付款、未付款/等待付款、部分付款三种状态。管理人员可以根据付款状态快速筛选出同类账单以便操作管理。

图 6-3　应付账单状态

已付款：账单已全额支付并结清。

未付款/等待付款：账单还没有付款。

部分付款：支付了一部分账单金额，还没有完全付清。多见于有预付费用的物流服务。

（2）应收账单

企业在平台上产生的应收账单，通常包括物流企业向客户提供物流服务后应收取的费用，如运输费、装卸费、仓储费等，以及一些其他的应收账款，如客户因各种原因需要预付的款项、违约金等。

应收账单按账单生成的时间排序列表，单据类型和付款状态跟应付账单类似。

图 6-4　应收账单状态

2. 账单审核

账单在正式付款之前应该进行严格的审核。账单审核可以分为业务审核和财务审核两步。审核时要仔细核对账单详情，查看账单是否与交易一致，金额是否准确，附件是否完整，手续是否合规等。下面分别介绍业务审核和财务审核的内容和审核操作。

（1）业务审核内容

业务审核是指由业务人员对账单中的业务要素进行审核，确保账单的准确性与合规性。审核的主要内容包括合同信息、运单信息、物流信息（含异常处理）、付款信息、票据信息等。

合同信息：包括承运合同和运输合同的信息，如合同编号、付款方名称、运费支付方式、运费支付时间等。要审核账单涉及的业务内容是否与合同里的信息相匹配。

运单信息：运单信息是物流交易的核心，包括托运单号、运单生成时间、发货日期、收货日期、托运人名称、收货方名称、运费金额等。这些信息用于核实交易的具体内容和金额，是业务审核的重点。

物流信息：包括车辆装货定位信息、全程轨迹信息、车辆卸货定位信息等，用于确认物流过程中的实际情况和运输效率。重点确认货物是否已正常签收，运输过程中是否有异常情况发生，异常情况是否已经处理完毕，是否涉及运输费用的调整等内容。

付款信息：包括实际承运人名称、付款方式、付款金额、收款方名称、收款账户信息等。业务审核必须认真确认以上信息，以确保账单结算的金额和对象不出差错。

票据信息：指与运单或资金流相对应的外部凭证（含发票）或内部凭证，用于验证交易的合法性和合规性。企业的财务管理制度通常会要求见到完整的票据才能够付款。

（2）业务审核操作

找到需要核对的账单，点击“业务单号”查看详情。单据类型为“订单”的账单会打开“订单详情”，类型为“调度单”的账单会打开“调度详情”。

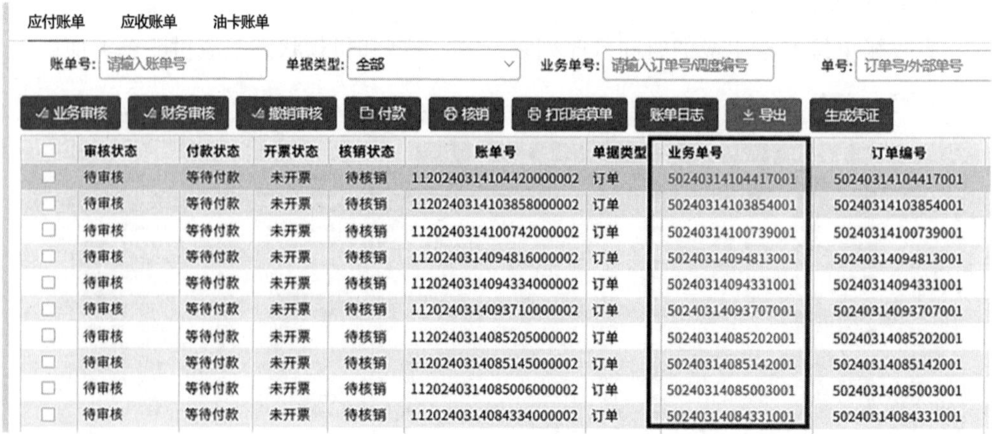

审核状态	付款状态	开票状态	核销状态	账单号	单据类型	业务单号	订单编号
待审核	等待付款	未开票	待核销	1120240314104420000002	订单	50240314104417001	50240314104417001
待审核	等待付款	未开票	待核销	1120240314103858000002	订单	50240314103854001	50240314103854001
待审核	等待付款	未开票	待核销	1120240314100742000002	订单	50240314100739001	50240314100739001
待审核	等待付款	未开票	待核销	1120240314094816000002	订单	50240314094813001	50240314094813001
待审核	等待付款	未开票	待核销	1120240314094334000002	订单	50240314094331001	50240314094331001
待审核	等待付款	未开票	待核销	1120240314093710000002	订单	50240314093707001	50240314093707001
待审核	等待付款	未开票	待核销	1120240314085205000002	订单	50240314085202001	50240314085202001
待审核	等待付款	未开票	待核销	1120240314085145000002	订单	50240314085142001	50240314085142001
待审核	等待付款	未开票	待核销	1120240314085006000002	订单	50240314085003001	50240314085003001
待审核	等待付款	未开票	待核销	1120240314084334000002	订单	50240314084331001	50240314084331001

图 6-5 业务单号

审核人员应当根据业务详情严格确认包含合同信息、运单信息、物流信息（含异常处理）、付款信息、票据信息等在内的各项账单要素，确认是否与实际交易情况相符，是否单证齐全并满足收付款条件。

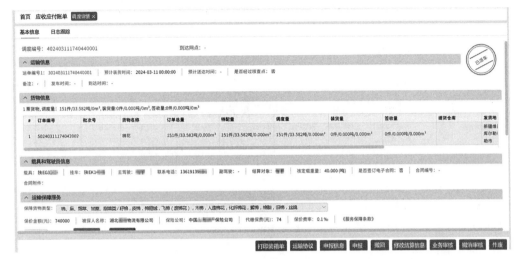

图6-6 调度详情

核对完以上信息后，审核人员可以进行结果确认。勾选审核过的账单，点击"业务审核"按钮，反馈审核结果。

图6-7 业务审核

业务审核通过的账单会流转到财务审核环节，由财务进行下一步复核。如果业务审核过程中发现账单信息与实际业务不符，可以拒绝通过并标注理由，责成相关人员跟进处理，找出原因后调整信息再重新发起审核，或者直接核销账单作废处理。

修改结算价：账单金额通常以发生交易时双方约定的结算价格为准，但在履约过程中有可能会产生一些新的费用，例如实际装载货物的重量或体积超出下单时预估的货物重量或体积，需要增加运费；又或者因为某些原因要减少费用，例如货物运输过程中司机造成货损,需要减扣运费来作价赔偿。所以业务人员在审核账单时要重点确认金额,如果涉及结算金额变化,要及时调整结算价。

在平台系统内调整结算价的方法:在"财务管理-应收应付账单"界面,点击列表"业务单号"可以对完成运输的运单价格进行修改。

图6-8 修改结算价

（3）财务审核内容

业务人员审核完账单后申请收款或付款,财务人员要对账单进行复核把关。财务审核要对账单的真实性、准确性、完整性、合规性、合理性等方面进行确认,只有复核通过的账单才能执行收付款操作。

真实性:确保账单中的所有交易和信息都是真实发生的,没有虚假记录或欺诈行为。

准确性:核对账单中的各项数据,包括金额、数量、日期等,确保它们准确无误。

完整性:检查账单是否涵盖了所有应记录的交易和信息,没有遗漏或缺失。

合规性:确保账单中的所有交易和信息都符合相关法规、政策和公司规定。

合理性:分析账单中的交易和费用是否合理,是否存在异常或不合理的情况。

（4）财务审核操作

从顶部搜索栏选择"审核状态"条件是"财务待审核"状态的账单,仔细查看每个账单的审核要素,确认是否符合收付款条件。

图 6-9　财务审核

信息审核完成后,可以多选或者单选,对选中的账单发起"审核"并确认。如果审核不通过,需说明不予通过的原因。财务审核不通过的账单会重新退回业务审核。

图 6-10　财务审核不通过

3.账单核销

核销是指标记出已付款或已使用的支付凭证,以表示已完成支付或已使用的行为,广泛应用于财务、贸易、海关等领域。

在平台上对已完成支付的账单进行财务核销，操作方式如下：

进入"财务管理–应收应付"菜单页面，从搜索栏里选择付款状态是"已付款"、核销状态是"待核销"的账单进行筛选。

图 6–11　账单筛选

勾选需要核销的账单，可以选择一份账单，也可以同时勾选多个，然后点击"核销"按钮。选择核销日期、记账机构和收支账户信息等点击"确认"。注意应付账单核销需要同一类单据类型（都是订单或者调度单）才可以多个一起勾选核销。

图 6–12　账单核销

未支付或未全额支付的账单,如果因为某些特殊原因不需要再对此付款,也可以找出该账单进行核销,但核销前必须通过财务审核。

已核销的账单不能够再继续支付,需要到收支登记处进行删除收支记录后才能重新发起支付,因此,请谨慎操作此功能。

4. 结算单打印

"财务管理-应收应付账单"页面,可以选择账单打印结算单据,勾选需要打印的账单,点击"打印结算单"。

	#	审核状态	付款状态	开票状态	核销状态	账单号	单据类型	业务单号	实际收款人	付款方式	账单总额	科目
	1	财务审核通过	已付款	未开票	完成核销	11202204281800046000...	订单	50220217155013002		月结	240.00	运费:240.00;其它费用:0.00;
☑	2	财务审核通过	已付款	未开票	完成核销	11202204281800046000...	调度单	40220113105521002		月结	100.00	运费
	3	待审核	等待付款	未开票	待核销	11202204281800046000...	调度单	40220112140910002		月结	2160.00	运费
	4	待审核	等待付款	未开票	待核销	11202204281800046000...	调度单	40220110153604002		月结	240.00	运费

图 6-13　打印结算单

财务结算单展示的内容包括托运承运方信息、费用信息、结算信息等,可直接选择打印,以便形成财务管理所需的纸质凭证,当事人签字留档。

任务 6.2 支付结算

工作任务 ▶▶▶▶▶▶▶▶▶▶▶

　　小黑作为平台合作的物流企业,当完成一个订单运输后,账单均已审核,此时货主企业需要向小黑企业支付费用,小黑企业需要向司机支付费用,在平台上应该怎样操作?

　　请根据以上的问题,通过下面知识点的学习,并查询相关资料,掌握网络货运平台支付结算业务的操作。

6.2.1 支付概念

　　支付结算是单位、个人在社会经济活动中使用票据、信用卡和汇兑、托收承付、委托收款等结算方式进行货币给付及资金清算的行为,其主要功能是完成资金从一方当事人向另一方当事人的转移。支付结算作为一种法律行为,具有一定的法律特征,并且必须依照法律规定进行。支付结算的发生也取决于委托人的意志,且必须通过中国人民银行批准的金融机构进行。支付结算有广义和狭义之分。广义的支付结算包括现金结算和银行转账结算,而狭义的支付结算仅指银行转账结算。

　　在线支付(线上支付)是指卖方与买方通过网络货运平台进行交易时,银行为其提供网上资金结算服务的一种业务。网络货运平台"金融支付"功能最重要的体现,就是能为用户提供便捷、安全的在线支付与结算服务。网络货运平台的线上支付结算体系具有提高交易透明度、降低交易成本、促进平台良性发展以及为司机提供便捷高效收款方式等多项优势。

　　首先,通过在线签署合同和及时支付运费,货主、司机和平台之间的交易信息得以实时记录和追踪,有效减少了信息不对称和欺诈风险。同时,自动化的支付流程大大缩短了交易周期,加快了资金的流转速度。

　　其次,网络货运平台与银行等金融机构、第三方支付平台合作,通过电子支付实现交易留痕,为交易双方提供了安全可靠的支付环境。此外,线上支付结算体系还实现了资金的集中管理和监控,有助于平台对资金进行更加精细化的管理,降低了资金风险。

　　再次,通过提供实时交易的记账对账、安全高效的清分和结算、合规智能的入金和出金管理等功能,线上支付结算体系为平台提供了强大的后台支持,使得平台能够更加专注于提升服务质量和拓展业务规模。同时,线上支付结算体系还有助于构建起政府、行业、企业、司机、货主等多方共赢的生态,推动了整个行业的健康发展。

　　最后,通过在线支付,司机可以实时查看和确认自己的收入情况,避免了传统模式下烦琐的对账和结算过程。同时,线上支付结算体系还提供了多样化的收款方式,满足了司机不同的支付需求。

网络货运企业的支付结算流程与普通运输企业的支付结算流程基本一致,需要先通过业务审核和财务审核,确认结算信息无误后再由财务执行付款。

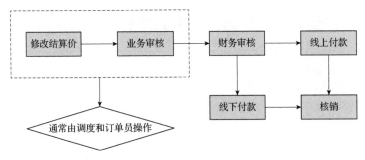

图6-14 支付流程图

6.2.2 开通网银

平台支持银行的线上支付功能,可用于结算承运商、司机运费等,也可以用来线上收款。

1. 网银开通流程

在"财务管理-运输商户"界面,选择想要用来作为结算账户的银行,点击"我要入驻"。

尚未开通账户,暂不支持在线结算,欢迎入驻!

图6-15 网银入驻

进入银行资料提交页面,填写企业相关信息并上传相关资质证照。仔细阅读银行入驻协议,勾选"我已阅读"并点击"提交",等待银行审核。

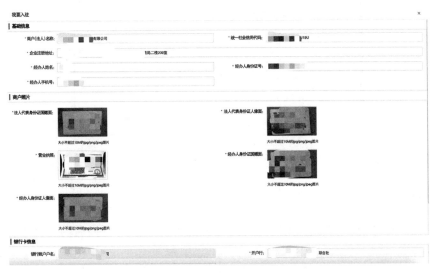

图6-16 银行入驻详情

银行入驻审核通过后,在"财务管理-运输商户"页面会显示企业收款账户号码、账户余额和账户名称信息。企业线上收款的金额将自动进入账户余额。

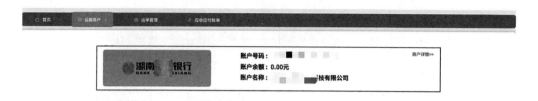

图 6‑17　银行账户余额

企业入驻网银成功后可以对商户的部分信息进行修改,例如更改绑定银行卡,或变更经办人等。

2. 更换银行卡

在"商户详情"页面点击"操作",选择"改绑银行卡",填写更改后的银行卡信息点击"保存"。

图 6‑18　更换银行卡

3. 更换经办人

在"商户详情"页面点击"操作",选择"更换经办人",填写更换后的经办人信息,并点击"保存"。

图 6-19　更换经办人

企业需要在线支付费用时,必须保证账户余额充足。在"运输商户"页面可查看企业账户的实时余额信息。

图 6-20　实时余额信息

进入"商户详情"页面,"账户信息"显示的即为充值账户,申请企业需要使用"商户入驻"时绑定的对公银行卡向充值账户转账,转账成功后 10—20 分钟可在"商户详情"页面查询到余额。

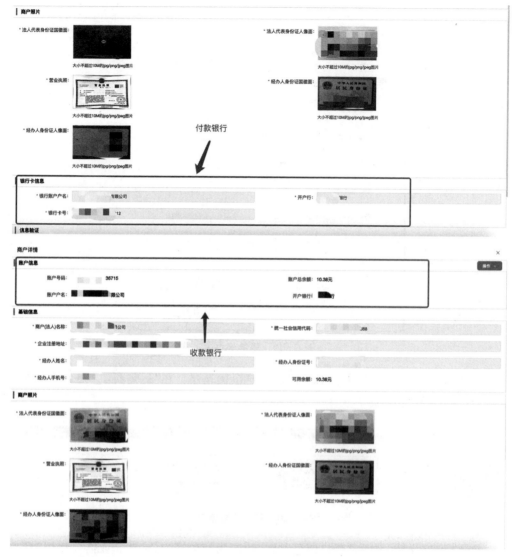

图 6-21   商户详情

6.2.3   线上支付

网络货运平台采用线上支付模式,不仅可以大幅缩短交易周期,提高整体交易效率,还能确保交易信息的机密性和完整性,有效降低交易风险。线上支付不受时间和地点的限制,用户可以随时随地进行支付操作,极大提升了支付的便捷性。同时,用户还可以通过网络随时查询交易记录和支付状态,方便进行资金管理和交易追踪。对承运人而言,线上支付模式还能够实现资金的快速流转,提高资金使用效率,有助于承运人加快资金回笼,改善经营状况。

在网络货运平台上执行线上付款的操作如下:

业务审核和财务审核都完成并确认通过后，可以对订单进行付款。在"应付账单"中筛选支付状态为"等待付款"的账单，点击"付款"操作。平台支持同时勾选多笔账单，一次性发起支付。

图 6 - 22　在线付款

点击"付款"后跳转到支付信息填写页面。第一次使用该功能时，企业要先维护付款方账户名称。点击"新增"，按界面提示完成信息填写并保存。经过这次维护后，下一次付款时系统会自动带出企业的账户信息，不需要再手动填写。

图 6 - 23　财税付款

图 6 - 24　新增线下支付账户

付款方式选择"线上支付"，并选择支付渠道。平台一般会提供多种支付渠道供用户自行选择，用户也可以在平台上维护多个银行账户，付款时选择合适的账户。

图 6 - 25　付款信息

接下来填写收款方信息。用户可以把常用的收款账户保存在系统里，以后付款时，只要输入收款人姓名即可直接带出相关信息。

填写收款人相关信息，点击"立即支付"。

图 6 - 26　立即支付

再次核对收款信息，确认无误后，操作网银完成后续支付动作。

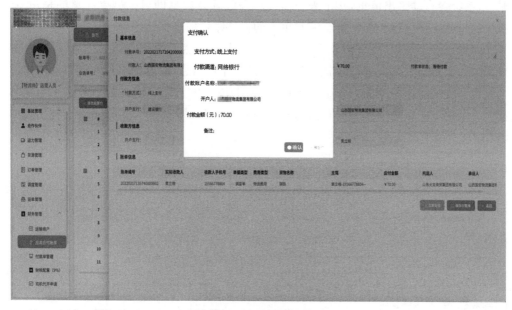

图 6 - 27　支付确认

6.2.3　线下支付

无论是从平台内的支付体系线上付款,还是走平台外线下付款,网络货运平台都应该满足支付信息的记录功能,以便相关信息能够按照《网络平台道路货物运输经营管理暂行办法》的要求,通过网络货运平台上传到上一级的监测平台。

企业采用线下支付的方式完成账单支付后,可以把支付信息和支付凭证上传到网络货运平台。具体操作方法如下:

在"财务管理-应收应付账单"页面找出跟线下付款的资金流水单挂钩的账单进行勾选,如果一笔资金流水单中包含了多个订单,必须分批操作,一次只能选择跟同一个收款人相关的账单进行操作处理。

选好关联账单后,点击"付款"按钮。

图 6 - 28　线下付款

跟线上支付一样,这时会跳转到支付信息填写页面。如果之前已经维护过付款方账户,系统会自动带出信息,接下来只需要填写收款方信息即可。需要注意的是,企业提供的付款账户信息必须与资金流水单上的付款账户信息保持一致。

因为是线下付款,所以付款方式选择"线下支付",然后填写收款方信息。同样,如果是第一次对该收款人进行付款,需要先维护其账户信息,后续则可以系统自动带出。

线下支付需要手动输入资金流水单号,并上传支付凭证。输入的单号必须与实际资金流水单上的信息一致。所有信息填完整后点击"立即支付",即可完成支付信息的记录。

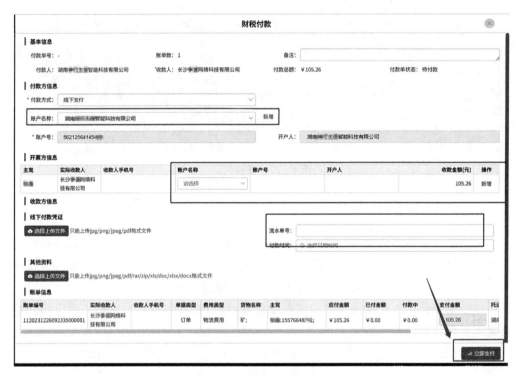

图6-29　线下付款详情

需要再次提醒的是,选择"线下支付"进行操作时,这里的立即支付并不代表实质性的付款动作,而是表示完成了平台内的付款信息记录。

任务 6.3 运营报表分析

工作任务 ▶▶▶▶▶▶▶▶▶▶▶

小黑作为平台合作的物流企业,经过一段时间的运营,小黑想了解企业目前的运营情况,为企业后期运营调整提供参考,同时了解企业的运作是否符合国家对网络货运企业的要求,此时在平台上应该怎样操作?

请根据以上的问题,通过下面知识点的学习,并查询相关资料,掌握网络货运平台运营报表分析业务的操作。

6.3.1 运营报表的作用

1. 作用于决策支持

在现代商业环境中,数据驱动的决策已成为企业成功的关键。对于网络货运平台而言,运营报表在决策支持中发挥着至关重要的作用。这些报表不仅提供了关于交易数据、物流效率、客户满意度等核心指标的详细信息,还通过数据分析和趋势预测,为企业的战略规划和日常运营提供了有力支持。

以交易数据为例,运营报表能够实时追踪和分析平台的交易量和交易趋势。通过对比历史数据和市场预测,企业可以准确判断市场需求的变化,从而调整定价策略、优化产品组合或拓展新的客户群体。这种基于数据的决策方式不仅提高了决策的准确性和效率,还有助于降低市场风险和成本。

此外,运营报表还能够揭示物流效率和成本控制方面的关键问题。通过对报表中的物流数据进行分析,企业可以发现物流过程中的瓶颈和浪费,进而提出改进措施。例如,通过优化运输路线、提高装载率或引入先进的物流技术,企业可以显著提高物流效率,降低成本,提升竞争力。

运营报表在客户满意度和服务质量方面的作用同样不可忽视。通过收集和分析客户反馈和评价数据,企业可以深入了解客户的需求和期望,从而针对性地改进服务质量和提升客户满意度。这种以客户为中心的数据驱动决策方式有助于建立长期稳定的客户关系,增强企业的品牌影响力和市场竞争力。

正如著名管理学家彼得·德鲁克所说:"如果你不能衡量它,你就不能管理它。"运营报表正是网络货运平台实现有效管理和科学决策的重要工具。通过充分利用这些报表中的数据和信息,企业可以更加精准地把握市场动态,优化运营策略,实现可持续发展。

图 6 - 30　企业运营看板

2. 作用于业务优化

运营报表对于网络货运平台的业务优化具有至关重要的指导意义。通过深入分析运营报表,企业可以精准地把握市场动态、客户需求和业务瓶颈,从而制定出更加科学、有效的优化策略。例如,通过对交易数据的趋势分析,企业可以发现货运量的季节性变化,进而调整运力分配和物流路线,提高物流效率。同时,报表中的客户满意度数据可以直观地反映出服务质量的优劣,为企业改进服务流程、提升服务质量提供有力依据。此外,运营报表还能够揭示成本控制的关键环节,帮助企业实现精细化管理,降低运营成本。

以某网络货运平台为例,该平台通过深入分析运营报表,发现其在某些地区的运力分配存在严重的不均衡现象。这一问题的存在,不仅影响了物流效率,还可能导致用户满意度的下降。

为了解决这一问题,该平台决定运用大数据分析技术,对货源分布、运输需求等因素进行综合分析。首先,平台收集了大量关于货源和运输需求的数据,包括不同地区、不同时间段的货物量、运输距离、运输时间等。然后,通过数据分析和挖掘,平台发现了一些有趣的现象。

例如,在某些地区,由于地理位置偏远或者交通不便,运力资源相对匮乏,导致运输成本高昂、效率低下。而在另一些地区,由于运力过剩,竞争激烈,运输价格低迷,造成利润空间有限。此外,平台还发现,不同时间段的运输需求也存在明显的波动,如节假日、季节变化等因素都会对运输需求产生影响。

基于这些发现,平台制定了一套科学的运力调度方案。首先,通过优化运输路线和调度策略,平台将更多的运力资源投向了需求旺盛的地区,有效缓解了运力紧张地区的压力。同时,平台还积极与合作伙伴沟通协商,共同推进基础设施建设,提高交通便利性,为物流行业的发展创造更好的条件。

经过实施这一方案,该平台取得了显著的成效。不仅有效缓解了运力紧张地区的压力,提高了整体物流效率,还实现了业务的大幅增长。此外,通过优化运输路线和调度策略,平台还降低了运输成本,提高了利润空间。这一成功案例不仅展示了大数据分析在物流行业中的巨大潜力,也为其他企业提供了有益的借鉴和启示。

6.3.2 运营报表的种类及各类报表的应用价值

想要全面反映平台的运营状况,网络货运平台必须涵盖一系列丰富多样的运营报表。这些报表不仅为平台提供了运营数据的概览,还帮助平台做出明智的决策,优化运营策略,并持续提升效率。网络货运平台的运营报表按照功能可以分成五大类:订单统计报表、运输统计报表、车辆管理报表、司机管理报表和收入与支出报表。

1. 订单统计报表

(1) 订单统计报表的内容

订单统计报表是网络货运平台运营数据的基础。平台上的订单数量、订单金额、订单类型等统计信息为平台提供了关于订单分布和趋势的深入了解,对于预测未来的运输需求、优化定价策略以及改进客户服务等方面都具有重要意义。订单统计报表通常需要涵盖以下要素。

订单总数:表示在特定时间段内平台接收到的所有订单的总数。

订单状态:包括待处理、处理中、已完成、已取消等状态的订单数量。

订单类型:根据物流服务的不同,可能会有不同的订单类型,如普通订单、加急订单、特殊订单等。

发货地与收货地:记录订单的发货地和收货地,有助于分析物流流向和地理分布。

订单金额:表示所有订单的总金额,也可以按订单类型或地区进行分类统计。

物流费用:记录订单的物流费用,可以分析不同订单类型或地区的物流费用差异。

发货时间:记录订单的发货时间,可以分析发货的效率和准时率。

预计到达时间与实际到达时间:比较预计到达时间和实际到达时间,分析物流效率和服务质量。

运输方式:记录订单的运输方式,如陆运、空运、海运等,有助于分析不同运输方式的物流效率。

客户反馈:记录客户对订单的反馈,如满意度、投诉等,以评估物流服务的质量和改进方向。

这些数据要素可以根据企业的具体需求和业务特点进行调整和扩展。通过收集和整理这些数据,企业可以更好地管理订单、优化运输流程、提高客户满意度,并为企业决策提供有力支持。

⊛ 订单金额(元)	📋 订单数量(单)	📑 订单完成量(单)
593468 今日	**52** 今日	**126** 今日
本月:19169770.44 今年:23890674.29	本月:2158 今年:2695	本月:1604 今年:2105

图 6-31 订单统计

订单编号	下单时间	产品类型	物流状态	订单类型	订单状态	计划发货时间	发货人	发货地	收货人	收货地	货物	合同金额	合计运费
50240328163300001	2024-03-28…	整车	已派车	托运订单	执行中	2024-03-22…	肖	中国新疆维吾尔自…	韩	中国黑龙江省…	糖蜜	25760.00	25760.00
50240328163258001	2024-03-28…	整车	已派车	承运订单	执行中	2024-03-22…	肖	中国新疆维吾尔自…	韩	中国黑龙江省…	糖蜜	25760.00	25760.00
50240328162952001	2024-03-28…	整车	已派车	托运订单	执行中	2024-03-28…	肖	中国新疆维吾尔自…	韩	中国黑龙江省…	糖蜜	23630.00	23630.00
50240328162950001	2024-03-28…	整车	已派车	承运订单	执行中	2024-03-28…	肖	中国新疆维吾尔自…	韩	中国黑龙江省…	糖蜜	23630.00	23630.00
50240328161932001	2024-03-28…	整车	已装车	托运订单	执行中	2024-03-28…	钟	中国湖北省鄂州市…	姜	中国河南省郑…	瓷	3200.00	3200.00
50240328161930001	2024-03-28…	整车	已派车	承运订单	执行中	2024-03-28…	钟	中国湖北省鄂州市…	姜	中国河南省郑…	瓷	3200.00	3200.00
50240328161243001	2024-03-28…	整车	已派车	托运订单	执行中	2024-03-28…	钟	中国湖北省鄂州市…	栗猛	中国河南省开…	瓷	3200.00	3200.00
50240328161241001	2024-03-28…	整车	已派车	承运订单	执行中	2024-03-28…	钟	中国湖北省鄂州市…	栗猛	中国河南省开…	瓷	3200.00	3200.00
50240328161008001	2024-03-28…	整车	已派车	托运订单	执行中	2024-03-28…	黄	中国湖北省鄂州市…	黄	中国河南省濮…	瓷	3800.00	3800.00
50240328161006001	2024-03-28…	整车	已派车	承运订单	执行中	2024-03-28…	黄	中国湖北省鄂州市…	黄	中国河南省濮…	瓷	3800.00	3800.00
50240328154522001	2024-03-28…	整车	已派车	托运订单	执行中	2024-03-16…	肖	中国新疆省阿克苏…	蒋	中国山东省东…	棉油	25040.00	25040.00
50240328154520001	2024-03-28…	整车	已派车	承运订单	执行中	2024-03-16…	肖	中国新疆省阿克苏…	蒋	中国山东省东…	棉油	25040.00	25040.00
50240328153850001	2024-03-28…	整车	已派车	托运订单	执行中		黄岚	中国湖南省衡阳市…	孙	中国广西壮族…	硫	3850.00	3850.00
50240328153848001	2024-03-28…	整车	已派车	承运订单	执行中		黄岚	中国湖南省衡阳市…	孙	中国广西壮族…	硫	3850.00	3850.00
50240328153807001	2024-03-28…	整车	已派车	托运订单	执行中	2024-03-16…	蒋	中国新疆省阿克苏…	蒋	中国山东省东…	棉油	25080.00	25080.00
50240328153805001	2024-03-28…	整车	已派车	承运订单	执行中	2024-03-16…	肖	中国新疆省阿克苏…	蒋	中国山东省东…	棉油	25080.00	25080.00
50240328152322001	2024-03-28…	整车	已派车	托运订单	执行中	2024-03-16…	肖	中国新疆省阿克苏…	蒋	中国山东省东…	棉油	25660.00	25660.00
50240328152320001	2024-03-28…	整车	已派车	承运订单	执行中	2024-03-16…	肖	中国新疆省阿克苏…	蒋	中国山东省东…	棉油	25660.00	25660.00

批量完结　批量承运　批量审核　撤销审核　　　　　　　共 15293 条　30条/页　　< 1 2 3 4 5 6 >

图 6-32　订单列表

（2）订单统计报表的应用价值

网络货运平台的订单统计报表具有极高的分析价值,主要表现在以下几个方面。

① 运营状况监控

订单统计报表可以实时反映物流平台的运营状况,包括订单数量、订单金额、订单来源、订单状态等。通过对这些数据的监控,企业可以及时了解自身的运营情况,为决策提供依据。例如通过对订单数量的统计,企业可以了解市场需求的变化趋势,以及自身的服务能力和承载能力;通过对订单金额的统计,企业可以了解销售额、利润等财务指标,为经营决策提供数据支撑。

② 业务趋势分析

通过对订单统计报表的历史数据进行分析,企业可以发现业务的趋势和变化,如订单量的增长或减少、订单来源的变化等。这些趋势和变化可以为企业制定未来的业务策略提供参考。如果订单量持续增长,企业可能需要扩大运营规模、增加人员或提升载具效率以满足市场需求。相反,如果订单量减少,企业可能需要重新评估市场策略,调整价格或寻求新的市场机会。

③ 客户需求洞察

订单统计报表可以详细展示客户的需求和偏好,对这些数据进行深入分析,如订单数量、货物类型、运输距离、运输时间等,能够反映出货主的需求特点,例如货主对运输时间的要求、对货物安全性的重视程度等。企业还可以通过下单频率、订单规模等信息来识别高价值客户,为其制定个性化服务,进一步挖掘客户价值。

④ 风险管理

订单统计报表可以帮助企业识别潜在的风险和问题,如订单异常、客户投诉等。例如通过报表发现订单取消率或客户投诉呈上升趋势,可能表明平台的服务质量或订单处理流程存在问题,需要及时调查和改进。通过对这些数据的分析,企业可以及时发现问题并采取相应的措施,从而降低风险。

⑤ 优化资源配置

通过对订单统计报表的分析,企业可以了解各地区的订单分布和需求情况,从而优化资源配置,提高物流效率。例如来自某一地区的订单量持续增长,企业则可能需要在该地区增加营销投入或优化运输服务。

2. 运输统计报表

（1）运输统计报表的内容

网络货运平台的运输统计报表通过计算运输量、运输距离、运输时间、运输费用等数据,反映出企业的运输效率和运输质量,可以帮助企业优化运输流程、提高运输效率、降低运输成本,并为客户提供更好的运输服务。

运输统计报表通常需要涵盖以下要素。

货物详情:包括货物的类型、数量、重量、体积以及价值,这些数据有助于了解每次运输的负载和价值。

运输路径:详细记录每次运输的起点、终点以及途经的地点,这有助于规划最优的运输路线。

车辆与司机信息:包括使用的车辆类型、车辆编号、司机姓名以及他们的驾驶记录,这有助于确保运输的安全和效率。

运输时效:记录从货物装载到送达的整个过程所需的时间,以评估运输速度和效率。

费用明细:详细列出与每次运输相关的所有费用,如运输费、税费、保险费等,这有助于进行成本控制和预算规划。

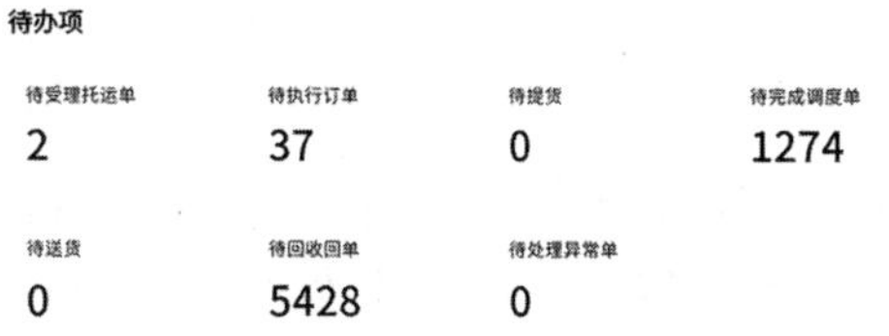

图6-33 运输统计

图6-34 运单列表

订单号	应收合计	运输成本合计	保险费合计	毛利	托运人	承运人	发货信息	收货信息	货物名称
50230719163802001	2626.7	2455	1	170.7	衡山新金…	长沙事…	李□□-□□□□□□□□-湖南省/衡阳…	□□□□□□□□□□□-湖南省/衡阳…	瓦楞纸
50230719160810001	3000	2521	1	478	衡山新金…	长沙事…	李□□-□□□□□□□□-湖南省/衡阳…	□□□□□□□□□□□-湖南省/衡阳…	瓦楞纸
50230719155823001	3000	2458	1	541	衡山新金…	长沙事…	□□□□-□□□□□□□□-湖南省/衡阳…	□□□□□□□□□□□-湖南省/衡阳…	瓦楞纸
50230719155228001	3000	2786	1	213	衡山新金…	长沙事…	□□□□-□□□□□□□□-湖南省/衡阳…	□□□□□□□□□□□-湖南省/衡阳…	瓦楞纸
50230719153623001	6168	5077	1	1090	衡山新金…	长沙事…	□□□-□□□□□□□□-湖南省/衡阳…	□□-□□□□□□□-□□□□□□□…	瓦楞纸
50230719143251001	1948	1820	1	127	衡山新金…	长沙事…	□□□-□□□□□□□□-湖南省/衡阳…	□□-□□□□□□□-□□□□□□□…	纱管纸
50230719142605001	6083	4971	1	1111	衡山新金…	长沙事…	□□□□-□□□□□□□□-湖南省/衡阳…	□□-□□□□□□□-□□□□□□□…	纱管纸
50230719142354001	1826	1707	1	118	衡山新金…	长沙事…	□□□-□□□□□□□□-湖南省/衡阳…	□□□□□-□□□□□□□□-□□□…	瓦楞纸
50230719142026001	1072.5	900	0	172.5	湖南中钢…	长沙事…	□□□-□□□□□□□□-湖南省/长沙市…	□□-□□□□□□□□-□□□□□…	钢材
50230719141834001	1072.5	900	0	172.5	湖南中钢…	长沙事…	□□□-□□□□□□□□-湖南省/长沙市…	□□-□□□□□□□□-□□□□□…	钢材
50230719141404001	1072.5	900	0	172.5	湖南中钢…	长沙事…	□□□-□□□□□□□□-湖南省/长沙市…	□□-□□□□□□□□-□□□□□…	钢材
50230719141134001	1072.5	900	0	172.5	湖南中钢…	长沙事…	□□□-□□□□□□□□-湖南省/长沙市…	□□-□□□□□□□□-□□□□□…	钢材

图6-35　单票毛利统计

（2）运输统计报表的应用价值

运输统计报表不仅是企业日常运营的重要参考，更是决策层做出战略决策的关键依据。运输统计报表汇集了运输活动的核心数据，涵盖了从运输量、运输距离、运输时间到运输成本等信息，通过挖掘和分析报表中的数据，企业可以更加深入地了解运输业务的内在规律和发展趋势，从而制定出更加科学、合理的业务发展策略。

① 决策支持

通过深入挖掘运输统计报表中的数据，提取出有价值的信息，可以为企业的决策层提供清晰、客观的视角，帮助决策层更加明智地制定策略，优化运输流程，增强市场竞争力。无论是关于运输路线的选择、运输方式的组合，还是关于运输成本的优化，数据分析都能够为决策者提供有力的支持。

② 问题发现

通过对运输统计报表的深入分析，企业可以发现运输过程中可能存在的问题和瓶颈。比如，通过对比不同时间段的运输数据，企业可以发现运输效率低下或成本过高等问题，从而及时识别问题所在，采取相应的改进措施。例如，某公司通过分析报表发现，某一地区的运输成本持续上升。经过深入调查，他们发现该地区的道路状况较差，导致运输时间延长和车辆损坏率增加。针对这一问题，他们优化了运输路线，加强了车辆维护，并提高了人员配置。经过这些改进措施，该地区的运输效率得到了显著改善。

③ 运输优化

通过对历史数据的分析，企业可以找出最经济、最高效的运输路径和运输方式。例如发现哪些路线在成本上具有明显优势，哪些路线则因为拥堵、绕行等原因导致成本上升。通过选择最经济的运输路径，企业可以显著降低运输成本，提高整体效益。

运输统计的历史数据还可以指导企业选择最合适的运输方式。例如统计分析发现某个实际承运人提供的运输服务时效快但成本高，而另一个则是时效慢但成本低，企业可以根据货物的性质、运输时间和成本要求等因素，选择最合适的实际承运人，实现运输效率和成本的平衡。

④ 成本控制

对运输统计报表进行数据分析，可以使企业更加精确地了解运输活动的成本构成。

例如,公路运输、铁路运输、水路运输和航空运输等,每种运输方式都有其独特的成本特点。企业可以根据不同运输方式的成本结构和优势,合理安排运输路线和运输方式,从而降低运输成本。

通过对运输成本的深入分析,可以帮助企业发现运输过程中的损耗问题。损耗可能来自运输途中的货物损坏、丢失,也可能来自不合理的装载和卸载方式。通过数据分析,企业可以找出损耗较高的环节,进而采取相应的措施,如加强货物包装、提高装卸效率等,以降低损耗率。

通过数据分析,企业还能发现不必要的转运环节。在运输过程中,过多的转运环节不仅会增加运输时间和成本,还可能增加货物损坏的风险。通过数据分析,企业可以发现哪些转运环节是多余的,从而优化运输网络,减少不必要的转运,提高运输效率。

同时,装载率也是运输成本控制的关键因素之一。数据分析可以帮助企业了解不同运输工具的装载率情况,从而合理安排货物的装载和运输。通过提高装载率,企业可以在保证运输质量的前提下,减少运输次数和运输成本。

⑤ 预测与规划

运输统计报表的数据分析还具有预测未来的能力。通过对历史数据的挖掘和分析,企业可以预测未来的运输需求趋势和变化。例如,企业可以根据历史数据预测某个时段的运输需求将会增加,于是提前增加运力投入,确保运输服务的质量和效率。这样通过对运输活动的规律性和趋势性分析,企业可以制定出更加科学、合理的短期计划,确保运输活动的顺畅进行。

3. 车辆管理报表

(1) 车辆管理报表的内容

车辆管理报表是网络货运车辆管理不可或缺的一部分,不仅可以帮助企业监控车辆运营情况,优化车辆调度,降低运营成本,还可以辅助企业优化决策。

车辆管理报表通常需要涵盖以下要素。

车辆信息:包括车辆牌照号、车型、车辆颜色、车辆所有者、车辆使用状态等。

驾驶员信息:包括驾驶员姓名、驾驶证号码、联系方式、驾驶经验等。

行驶轨迹:记录车辆的行驶路线、速度、时间等,有助于分析车辆的运行效率和安全性。

维修记录:记录车辆的维修历史,包括维修时间、维修项目、维修费用等,有助于预测车辆的维护需求和成本。

货物信息:记录车辆运输的货物种类、数量、重量等,有助于分析车辆的运输能力和效率。

费用信息:记录车辆的运行成本,包括油费、过路费、维修费等,有助于分析车辆的经济效益。

载具牌照	车牌颜色	最新定位	默认驾驶员	默认挂车	行驶证所有人	总载重(KG)	核定载重量(KG)	行驶证是否到期	能源类型	车籍地	道路运输证编号
赣C565[redacted]…	黄色				[redacted]	40000.00	32000.00	正常	柴油	[redacted]	3609210…
浙A97G[redacted]…	黄色	湖南省株洲…			[redacted]	40000.00	32000.00	正常	柴油	[redacted]	3301831…
桂RA33[redacted]…	黄色		[redacted]		[redacted]	40000.00	40000.00	正常	柴油	[redacted]	4508040…
湘DB06[redacted]…	黄色	重庆市重庆…			[redacted]	40000.00	34000.00	正常	柴油	[redacted]	4304072…
豫FS5[redacted]…	黄色				[redacted]	40000.00	34000.00	正常	电	[redacted]	4106210…
豫FC80[redacted]…	黄色		[redacted]	豫FS52…	[redacted]	49000.00	33000.00	正常	柴油	[redacted]	4106210…
湘DD80[redacted]…	黄色				[redacted]	40000.00	32000.00	正常	柴油	[redacted]	4304212…
豫FA80[redacted]…	黄色	浙江省衢州…	[redacted]		[redacted]	40000.00	32000.00	正常	柴油	[redacted]	4106210…
湘HA08[redacted]…	黄色	湖北省宜昌…		湘A291…	[redacted]	40000.00	8700.00	正常	柴油	[redacted]	4309032…
桂C89[redacted]…	黄色				[redacted]	40000.00	34000.00	正常	柴油	[redacted]	4503235…
桂C720[redacted]…	黄色		[redacted]		[redacted]	49000.00	40000.00	正常	柴油	[redacted]	4503001…
桂CR07[redacted]…	黄色		[redacted]		[redacted]	48800.00	48800.00	正常	柴油	[redacted]	4503226…

图 6－36　车辆管理表

请输入车牌号　搜索　查询车辆位置及轨迹

#	车牌号码	运输状态	操作
1	湘D2N0[redacted]	运输中	位置更新　轨迹查询
2	湘DC31[redacted]	待装货	位置更新　轨迹查询
3	湘DC31[redacted]	待装货	位置更新　轨迹查询
4	湘DC31[redacted]	待装货	位置更新　轨迹查询
5	冀ES15[redacted]	运输中	位置更新　轨迹查询
6	湘AD38[redacted]	运输中	位置更新　轨迹查询
7	湘DC77[redacted]	待装货	位置更新　轨迹查询
8	湘AK20[redacted]	待装货	位置更新　轨迹查询
9	湘DF70[redacted]	待装货	位置更新　轨迹查询
10	湘D2L3[redacted]	运输中	位置更新　轨迹查询
11	湘DB67[redacted]	运输中	位置更新　轨迹查询
12	湘DC93[redacted]	运输中	位置更新　轨迹查询
13	湘AH53[redacted]	待装货	位置更新　轨迹查询
14	湘AG49[redacted]	运输中	位置更新　轨迹查询
15	湘DB08[redacted]	待装货	位置更新　轨迹查询
16	湘D2M0[redacted]	运输中	位置更新　轨迹查询
17	湘DC42[redacted]	待装货	位置更新　轨迹查询
18	湘DC53[redacted]	待装货	位置更新　轨迹查询

图 6－37　车辆管理表

（2）车辆管理报表的应用价值

通过对车辆管理报表的深入分析，网络货运平台可以发现运营中的问题和瓶颈，如车辆使用效率低下、运输路线不合理、维修保养成本过高等，从而为平台的运营决策提供有力支持。

① 监控车辆运营情况

车辆管理报表可以实时展示车辆的运营数据，包括行驶里程、载货量、运输路线等，为企业提供全方位的车辆运营信息。帮助平台了解车辆的运营状态，确保车辆高效、安全地运行。

例如，某一车辆的行驶里程过高，这意味着该车辆可能面临较大的磨损和故障风险。此时，企业可以及时安排维修和保养，避免车辆出现故障。此外，车辆管理报表还可以实时监控车辆的运输情况，包括运输速度、运输时间等，帮助网络货运企业及时发现和解决运输过程中的问题，确保物流运输的顺畅进行。

② 优化车辆调度

通过对车辆管理报表的分析,平台可以了解各区域、各时间段的车辆需求情况,从而优化车辆调度策略,提高车辆的利用率和运输效率。例如,当网络货运企业发现某一区域的车辆需求量较大时,可以及时调整车辆调度计划,增加该区域的车辆数量,以满足客户需求。这种精准的车辆调度不仅提高了客户的满意度,还能有效地降低企业的运营成本。

同时,通过对运输效率的分析,网络货运经营者还可以筛选出平台上的优质运力,并对这些运力优先派发运输任务。这样不但可以进一步提高客户满意度,还能激励平台上的其他运力优化运输服务,从而提升平台的整体运输效率。

③ 降低运营成本

车辆管理报表可以帮助平台监控车辆的维修、保养等成本,及时发现和解决车辆运营中的问题。例如当企业发现某一车辆的维修成本过高时,可以对该车辆进行深入分析,找出问题所在,及时进行维修和保养。这不仅可以避免车辆出现故障,还可以降低维修成本,提高企业的盈利能力。

此外,车辆管理报表还可以帮助企业了解车辆的油耗情况。通过对油耗数据的分析,企业可以找出油耗过高的原因,从而制定更加科学的油耗管理策略。这种策略的实施不仅可以降低企业的运营成本,还有助于提高企业的环保形象和社会责任感。

4. 司机管理报表

(1) 司机管理报表的内容

网络货运平台司机管理报表的作用主要是为了有效地监控和管理司机的工作表现,确保货物运输的安全、准时和高效。通过这份报表,平台可以对司机的工作状态进行实时跟踪,评估其工作效率,预测可能的风险,并采取相应措施来优化整体运营。

司机管理报表通常需要涵盖以下要素。

司机基本信息:姓名、年龄、驾驶经验、驾驶证号码等,这些信息有助于平台了解司机的资质和背景。

车辆信息:车辆类型、车牌号码、车辆状态(如是否保养、是否维修等)等,这些信息有助于平台了解车辆的运行状况,确保货物运输的安全。

工作表现:接单数量、完成订单数量、准时率、投诉率等,这些数据可以反映司机的工作态度和效率。

地理位置信息:通过 GPS 定位技术,平台可以实时跟踪司机的位置,了解其行驶轨迹和速度,确保货物按时到达目的地。

安全记录:事故记录、违章记录等,这些数据可以反映司机的安全意识和驾驶技能,为平台提供风险管理依据。

司机姓名		手机号码	身份证号码	性别	驾驶证编号	准驾车型	驾驶证有效期	驾驶证是否到期	从业资格证号	从业资格证是否到期	信用评分(0-5)
王██	已认证	1339████	341281████	男	341281████	A2	2017-04-02…2…	正常	341281████	正常	3.2
田██	已认证	1817████	372422████	男	372422████	B2D	2016-08-06…2…	正常	372422████	正常	4.0
冯██	已认证	1397████	430621████	男	430621████	A2D	2013-07-30…2…	已到期	430621████	正常	3.6
王██	已认证	1341████	410225████	男	410225████	A2	2019-01-23…2…	正常	410225████	正常	4.5
胡██	已认证	1587████	430624████	男	430624████	A2	2015-04-26…2…	正常	430624████	正常	3.4
胡██	已认证	1881████	430721████	男	430721████	A2	2014-05-31…2…	正常	430721████	正常	4.2
李██	已认证	1397████	430721████	男	430721████	A2	2015-06-11…2…	正常	430721████	正常	3.9
闫██	已认证	1337████	612725████	男	612725████	A2	2015-05-07…2…	正常	612725████	正常	4.7

图 6 - 38 司机管理表

（2）司机管理报表的应用价值

司机管理报表对于网络货运平台具有非常重要的数据分析价值，能够提供详尽、细致的运输信息和司机表现数据，帮助平台运营者进行全方位的优化和改进。

① 司机效率分析

报表能够精确展示每位司机的运输成果。通过对比不同司机每次运输的货物量、运输时间、运输距离等关键指标，管理者可以迅速识别出表现优秀的司机和运输路线，进而调整资源分配，优化运输流程。这不仅提高了运输效率，还降低了因资源分配不均而导致的浪费和成本增加。

② 运输成本控制

报表能够详细列出每位司机的运输成本，包括燃油消耗、维护费用、罚款等。通过对这些数据的对比分析，平台可以找出成本较高的环节，并采取相应措施进行成本控制。例如，针对燃油消耗较高的司机，可以推广节能驾驶技巧和使用节能设备；对于违规驾驶导致的罚款，可以加强司机培训和监管，减少违规行为的发生。这些措施的实施，有助于平台降低整体运输成本，提高经济效益。

③ 运输质量评估

报表能够反映出司机的运输质量情况，如货物损坏率、准时率、客户满意度等。通过对这些指标的评估，平台可以了解司机的服务水平和运输质量，从而进行针对性的改进和提升。例如，针对货物损坏率较高的司机，可以加强对其的培训和考核，提高其运输技能和安全意识；对于准时率较低的司机，可以优化运输路线和时间安排，提高运输效率。这些措施的实施，有助于提升平台的运输质量和服务水平，增强客户黏性和满意度。

④ 安全风险评估

报表能够全面记录司机的安全驾驶记录，包括超速、违规驾驶等行为。通过对这些数据的分析，平台可以及时发现潜在的安全风险，并采取相应的预防和纠正措施。例如，对于频繁超速的司机，可以实施严格的处罚和教育措施，促使其改正错误行为；对于存在安全隐患的车辆，可以及时进行维修和更新，确保运输过程的安全。这些措施的实施，有助于降低安全事故的发生概率，保护司机和货物的安全。

⑤ 资源优化配置

通过对司机管理报表的深入分析，平台可以发现运输资源的配置瓶颈，如车辆数量、司机数量、运输路线等。针对这些瓶颈问题,平台可以制定科学的规划和调整策略,优化资源配置,提高运输效率。例如,根据运输需求和司机能力情况,合理调配车辆和司机资源;通过优化运输路线和时间安排,减少运输过程中的空驶和等待时间。这些措施的实施,有助于平台实现运输资源的最大化利用,提高整体运输效率和服务水平。

5. 运输收支报表

(1) 运输收支报表的内容

运输收支报表用于记录企业在一定时期内与运输活动相关的收入和支出情况。这种报表可以详细展示企业在运输过程中的经济活动和财务状况,有助于企业管理层了解企业的运输成本和收益情况,进而作出更为明智的决策。

运输收支报表通常需要涵盖以下要素。

运输收入:包括从提供运输服务中获得的所有收入,如货物或乘客的运输费用。

附加收入:包括与运输业务无关,但也是通过营业活动获得的收入,如销售货物、租赁设备或提供其他相关服务。

燃料费用:运输业务中常见的最大支出之一,包括购买燃料(如汽油、柴油等)的费用。

维护费用:包括维护和修理运输设备的费用。

人员费用:包括支付给驾驶员、操作员、管理人员和其他员工的工资和福利。

保险费用:包括车辆、货物和员工保险的费用。

税费:包括支付给政府的各种税费,如增值税、所得税及印花税、城建税、车船税等小税种。

间接费用:包括与业务发生间接相关而产生的费用,如租金、水电费、通信费等。

每个企业的具体收支项目可能会有所不同,这取决于企业具体的业务模式和运营方式。因此,运输收支报表的具体内容应根据公司的实际情况进行调整。

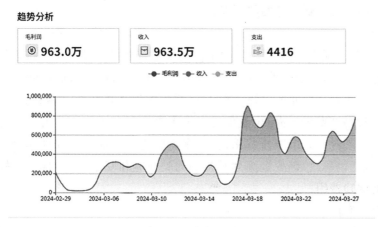

图 6-39 收支统计

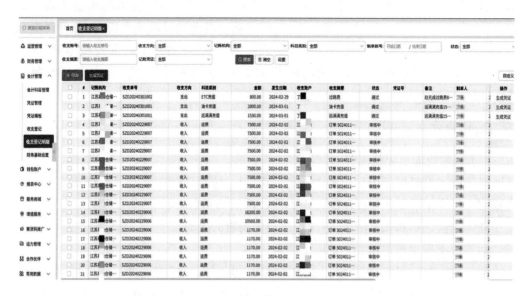

图 6‑40 收支登记

（2）运输收支报表的应用价值

运输收支报表在网络货运经营分析中扮演着举足轻重的角色。它不仅能展现企业的财务表现，还能帮助企业识别问题、优化运营，并为企业未来的战略规划和决策提供有力支持。

① 反映运输经营成果

通过详细记录运输收入和支出，报表可以清晰地展示企业在运输业务上的经营成果。这有助于企业评估其运输业务的盈利能力，并据此调整经营策略。

通过对比运输收入和支出，企业可以计算出运输业务的净利润。这个净利润指标直观地展示了企业在运输业务上的盈利能力。如果净利润较低或亏损，企业就需要深入分析原因，并采取相应措施加以改进。例如，可以调整运输价格、优化运输流程、提高服务质量等，以增强运输业务的盈利能力。

② 监控运输成本

通过运输收支报表，企业可以实时监控运输过程中的各项成本。报表详细记录了运输支出，包括燃油费、维修费、保险费、人力成本等。这些支出项目的具体金额和占比，可以让企业了解运输业务中的成本结构，进而找到降低成本、提高效益的潜力所在。例如，如果发现燃油费用过高，企业就可以考虑更换更节能的运输工具或优化运输路线，以降低燃油消耗。如果维修费用过高，则需要优化车辆维护计划，降低维修费用。如果经常出现运输事故，则要提高驾驶员的驾驶技能和安全意识，减少事故发生的概率，从而降低保险费用。

③ 辅助决策制定

报表中的数据和信息可以为企业管理层提供有价值的参考，有助于他们制定更为合理的运输计划、定价策略以及成本控制措施。例如上面讲到的通过找出运输业务中的盈利点和成本痛点来进行流程改善和业务优化。此外,通过对比不同时间段的运输收支报表,管理层还可以观察到市场需求和价格的变化趋势,从而及时调整定价策略,以适应市场变化。

④ 优化资源配置

通过对运输收支报表的分析,企业可以发现资源利用方面的不足和浪费。例如,某些运输路线可能存在过度装载或空驶的情况,导致车辆和人力资源的浪费。通过优化运输路线、提高装载率等方式,企业可以提高资源利用效率,从而提升运输业务的整体效益。

⑤ 评估合作伙伴

运输收支报表还可以用于评估运输合作伙伴的表现。第一,企业可以通过对比不同合作伙伴的运输成本和效率,清晰地看到哪些合作伙伴的运输成本更高,哪些合作伙伴的成本控制更为有效。这样的分析有助于企业在谈判时更有底气,争取到更为合理的价格,从而降低运输成本。

第二,运输收支报表还能够展示合作伙伴的运输效率。一个高效的运输合作伙伴不仅能够缩短货物运输时间,提高交货速度,还能够减少货物损坏和延误的风险,从而提高客户满意度。企业可以通过对比不同合作伙伴的运输效率数据,选择那些能够提供更高服务效率的合作伙伴,从而提升企业的整体运营水平。

通过对运输成本和效率的综合分析,网络货运企业可以选择更为合适的合作伙伴,降低运输成本,提高运输效率,还可以与合作伙伴共同优化运输流程,实现双方的长期合作和发展。

课程思政

2023 中国
TIR 运输发
展报告

八大货运新规

一、中国人民银行、交通运输部、银保监会联合印发《关于进一步做好交通物流领域金融支持与服务的通知》,其中要求银行业金融机构要完善组织保障和内部激励机制,创新丰富符合交通物流行业需求特点的信贷产品,切实加大信贷支持力度。鼓励银行合理确定货车贷款首付比例、贷款利率等,在经济恢复的特定时间内适当提高不良贷款容忍度,细化落实尽职免责安排。

二、交通运输部办公厅印发《2023 年实现道路普通货运驾驶员从业资格证直接申领工作方案》。其中明确目标任务:推进道路普通货运驾驶员从业资格管理改革,取消道路普通货运驾驶员从业资格证考试。申请从事道路普通货运经营的驾驶员,凭取得的相应机动车驾驶证向交通运输主管部门直接申领道路普通货运驾驶员从业资格证。

三、交通运输部发布《2023 年推动交通运输新业态平台企业降低过高抽成工作方案》,要求:2023 年 5 月底前,相关省级交通运输主管部门组织在本省份注册的货运平台法人公司,与货车司机、行业协会等沟通协商,降低过高的抽成比例或会员费上限,保障货车司机合理收入;主动向社会公告本企业降低过高抽成比例或会员费上限的承诺。

四、交通运输部联合公安部印发了《关于推进道路货物运输驾驶员从业资格管理改革的通知》,深入推进道路货物运输驾驶员(简称货车司机)从业资格管理改革。改革后,所有依法取得大型货车(B2)和重型牵引挂车(A2)准驾车型机动车驾驶证的货车司机,均可凭相应的机动车驾驶证等相关材料申领道路货物运输从业资格证。另外,公安交管部门将道路货物运输驾驶员从业资格考试安全驾驶理论内容纳入大型货车(B2)、重型牵引挂车(A2)驾驶人科目三安全文明驾驶常识考试。

五、北京市、天津市、河北省联合印发《关于进一步推进京津冀交通运输电子证照共享互认的通知》《关于推出京津冀交通运输领域首批"同事同标"事项的通知》,根据通知,目前,经三地核发的道路运输经营许可证、道路运输证、道路运输从业人员从业资格证、道路危险货物运输许可证、放射性物品道路运输许可证五大类电子证照已实现三地互认。

六、交通运输部办公厅印发《2023年开展关心关爱货车司机专项行动工作方案》,要求2023年8月底前,推行"车货无忧"保险的省(区、市)交通运输主管部门要推动"车货无忧"保险落地实施,为货车司机创造安全的服务区停车休息环境。

七、交通运输部发布文章《大力发展智慧交通 加快建设交通强国 为当好中国式现代化的开路先锋注入新动能》,文章指出将大力发展智慧交通,电子不停车收费技术加快推广,高速公路省界收费站全面取消。

八、交通运输部办公厅发布了关于印发《道路运输企业和城市客运企业安全生产重大事故隐患判定标准》(试行)的通知,该标准于2023年10月1日正式实施。该标准明确规定,道路普通货运企业存在以下情形之一,应判定为重大事故隐患:一是所属货运车辆故意夹带危险货物或违规运输禁运、限运物品,且运输过程中未及时提醒纠正、运输行为结束后一个月内未严肃处理的;二是所属货运车辆运输过程中违法装载导致车货总质量超过100吨的。《刑法》第134条第2项规定,在生产、作业中违反有关安全管理的规定,存在"因存在重大事故隐患被依法责令停产停业、停止施工、停止使用有关设备、设施、场所或者立即采取排除危险的整改措施,而拒不执行的",具有发生重大伤亡事故或者其他严重后果的现实危险的,构成危险作业罪。本次《道路运输企业和城市客运企业安全生产重大事故隐患判定标准》(试行)的发布,将"百吨王"列入判定标准。

课后练习 ▶▶▶▶▶▶▶▶▶▶▶▶

一、不定项题

1. 装卸费属于哪种收入?

A. 运输主收入 B. 附加收入

C. 其他收入 D. 运输费

2. 属于应付业务的是(　　)。

A. 运输直接成本 B. 运输主收入

C. 折旧和摊销费用 D. 保险费用

3. 应付账单列出的详细信息包括(　　)。

A. 应付款金额 B. 支付日期

C. 支付时间 D. 支付方式

4. 账单业务审核内容包括(　　)。

A. 合同信息 B. 运单信息

C. 物流信息 D. 车辆信息

参考答案

二、判断题

1. 对账单进行核销时,对于不同类型的应付账单可以同时进行勾选一起核销。

(　　)

2. 当进行线下支付时,可以在网络运营平台上完成实质性支付。　　(　　)

3. 一份款项涉及多个支付主体,在具体支付操作时需要分别按主体进行支付。

(　　)

4. 网络运输企业用于保管车辆的设施折旧费用属于直接成本。　　(　　)

5. 对于未完成付款的单据进行核销,直接由业务人员单独进行核销即可。(　　)

6. 政府为鼓励网络运输企业的发展而提供的补贴收入是与网络运输企业的经营有关的收入。　　(　　)

7. 对于已经核销的账单如需要重新发起支付,需要重新生成账单并重新审核后才能进行支付。　　(　　)

8. 运营报表分析是基于智能大数据的可视化分析。　　(　　)

9. 五大营运报表都可以用于资源的优化配置。　　(　　)

10. 网络运营平台属于网络运输企业的无形资产。　　(　　)

三、简答题

1. 财务在进行付款审核时,需要哪些凭证和票据?

2. 业务审核的重点是什么?

3. 网络运输企业的收入主要由哪些构成?

学习情境

部分企业在日常经营中容易混淆货物运输代理服务与无运输工具承运（网络货运）的税务处理差异，同样是为他人运输货物，为什么一个适用9%税率，一个适用6%税率呢？两者的区别在于权利、义务关系不同。无车承运人（网络货运）指的是不拥有车辆而从事货物运输的个人或单位。无车承运人（网络货运企业）具有双重身份，对于真正的托运人来说，其是承运人；但是对于实际承运人而言，其又是托运人。无车承运人（网络货运企业）一般不从事具体的运输业务，只从事运输组织、货物分拨、运输方式和运输线路的选择等工作，其收入来源主要是规模化的"批发"运输而产生的运费差价。

无运输工具承运（网络货运）业务，是指无车承运人（网络货运企业）以承运人身份与托运人签订运输服务合同，收取运费并承担承运人责任，然后委托实际承运人完成运输服务的经营活动。在该业务中，无车承运人（网络货运企业）给托运人提供交通运输服务，实际承运人给无车承运人（网络货运企业）提供交通运输服务，适用的增值税税率都是9%。

货物运输代理服务，是指接受货物收货人、发货人的委托，以委托人的名义，为委托人办理货物运输、装卸、仓储等相关手续的业务活动。运输代理与托运人签订货物运输代理合同，以委托人的名义，与承运人签订合同，为委托人办理货物运输相关手续，向托运人单独收取代理费，并将货运代理费发票开给托运人适用的增值税税率为6%；同时承运人也开具运费发票给运输代理，适用税率为9%。

任务 7.1　物流行业税收现状

工作任务 ▶▶▶▶▶▶▶▶▶▶▶

　　小白作为网络货运平台企业,面临税收缴纳的问题,小白作为新进入物流行业的新手,想了解一下目前我国物流行业的税收现状,为自己的企业运营提供参考。

　　请根据以上的问题,通过下面知识点的学习,并查询相关资料,掌握我国物流行业税收现状。

7.1.1　物流行业适用的税种与税率

　　交通物流业是畅通国内大循环的重要支撑,与经济增长的关系十分密切,对国家的税收贡献发挥着重大作用。物流业涉及的税种较多,最常见的有增值税、企业所得税、个人所得税、附加税、房产税、城镇土地使用税、印花税、车辆购置税、车船使用税等等。

　　1. 增值税

　　增值税是以商品(含应税劳务)在流转过程中产生的增值额作为计税依据而征收的一种流转税。从计税原理上说,增值税是对商品生产、流通、劳务服务中多个环节的新增价值或商品的附加值征收的一种流转税。与物流业务相关的增值税征收依据不同的服务类目采用不同的税率。

　　交通运输服务现行增值税税率为 9%,主要包括陆路运输服务、水路运输服务、航空运输服务和管道运输服务。

　　物流辅助服务现行增值税税率为 6%,主要包括航空服务、港口码头服务、货运客运场站服务、打捞救助服务、装卸搬运服务、仓储服务和收派服务。

　　经营租赁服务中不动产租赁,如车辆停放服务、道路通行服务(包括过路费、过桥费、过闸费等)税率为 13%;动产租赁,如水路运输的光租业务、航空运输的干租业务等税率为 9%。

　　应税服务年销售额未超过规定标准的企业和个体工商户可申请成为小规模纳税人,固定征收的增值税率为 3%。

　　(1)小规模纳税人:年应征增值税销售额等于或低于 500 万元;不能正确核算增值税的三大对象(销项、进项和应纳税额);不能按规定报送有关税务资料。

　　(2)一般纳税人:年应征增值税销售额高于 500 万元;能进行健全的会计核算、能按规定报送有关税务资料。

表 7-1　一般纳税人与小规模纳税人的主要区别

类别	一般纳税人	小规模纳税人
计算方法	一般计算法	简易计算法
具体公式	应纳税额＝(当期销项－当期进项)×增值税税率	当期销售额×增值税征收率
增值税率与征收率	13%、9%、6%三档税率	对小规模纳税人一律使用3%的征收率
开具发票	增值税普通发票和增值税专项发票	增值税普通发票
是否可抵扣进项税	是	否

2. 企业所得税

企业所得税是对我国内资企业和经营单位的生产经营所得和其他所得征收的一种税。我国现行的企业所得税的税率为25%，但也有特殊情况，小型微利企业符合一定条件可按20%的税率缴纳企业所得税，国家重点扶持的高新技术企业减按15%的税率征收企业所得税。

与取得收入有关的合理的实际支出，包括成本、费用、税金、损失和其他支出，可以在计算应纳税所得额时扣除。物流企业常见的税前扣除项目包括：① 员工工资福利；② 办公场地及仓库租赁费用；③ 运输车辆等与生产经营活动相关的资产购置费用；④ 外协车辆运费、油费、道路通行费、车辆运输保险等支出；⑤ 生产经营活动中发生的利息支出；⑥ 货物运输损失；⑦ 研发费用。

我国税法规定，企业开发新技术、新产品、新工艺时发生的研究开发费用，如处于未投入使用状态，记入当期支出抵减当年度应纳税所得，如委托国内第三方开发，按实际支出的80%抵减，如开发的新技术可投入实际使用，形成公司资产，可按照当年摊销实际发生额的150%抵扣当年度的应纳税所得额，另外国家需要重点扶持的高新技术企业还能额外享受所得税减征优惠政策，对物流行业的转型升级也起到了积极推动的作用。物流企业想要提升自身的竞争力，可以考虑加大研发投入，积极推动企业数字化转型，利用技术性手段来降本增效。

3. 附加税

缴纳增值税的企业还需同时缴纳城市维护建设税、教育费附加、地方教育费附加等附加税，其计税依据是当期实际缴纳的增值税、消费税合计。

城建税按区域收取，市区的适用税率为7%，县城、建制镇的适用税率为5%，其他地区的适用税率为1%。其计算公式为：

$$应纳城建税税额＝(增值税＋消费税)税额×适用税率$$

教育费附加适用税率为3%，其计算公式为：

$$应纳教育费附加＝(增值税＋消费税)税额×3‰$$

地方教育费附加适用税率为2‰,其计算公式为:

$$应纳地方教育费附加＝(增值税＋消费税)税额×2‰$$

例如:2020年10月某市区物流企业缴纳增值税35 000元,则同期应缴城建税2 450元,应缴教育费附加1 050元,应缴地方教育费附加700元,合计应缴附加税4 200元。

4.其他税种

自身拥有办公楼或仓库等自用建筑的企业,除了需要按照房产原值一次减除10%至30%后的余值计算缴纳房产税外,还要根据实际占用的土地面积采用定额税率缴纳城镇土地使用税。企业购置运输车辆时,按照应税车辆计税价格的10%缴纳车辆购置税。在保有环节,车辆和船舶的所有者要按照规定的定额税率缴纳车船使用税。

物流行业的印花税视服务类别而定,货物运输合同按0.5‰缴纳印花税,仓储保管合同按1‰缴纳印花税。

7.1.2 物流行业对我国税收的贡献

国家在税收统计时没有将物流业作为单独的行业进行统计,相近的类目为"交通运输、仓储和邮政业"。以下数据反映了近年来以交通运输、仓储和邮政为代表的物流行业对我国税收的贡献。

表7－2 2007—2016年物流行业对我国税收的贡献

年份	2007	2008	2009	2010	2011	2012	2013	2014	2015	2016
社会物流总额/万亿	75.23	89.9	96.65	125.4	158.4	177.3	197.8	213.5	219.2	229.7
物流业纳税总额/万亿	0.112	0.151	0.144	0.176	0.216	0.226	0.239	0.253	0.256	0.260
全国税收总额/万亿	4.56	5.42	5.95	7.32	8.97	10.06	11.05	11.92	12.49	13.04
物流业贡献度/%	2.45	2.79	2.42	2.41	2.41	2.25	2.16	2.12	2.05	1.99

数据来源:《中国税务年鉴》、EPS数据平台

2007—2016这十年间,物流行业为我国税收做出的贡献总计约2万亿元,占全国税收总额的比例约为2.3%。从总体上看,社会物流总额在保持持续增长的同时,增速逐步放缓,物流业对全国税收的贡献度呈逐年下降趋势。一方面体现出我国的税收改革已经取得初步成效,近年实施的各项税收优惠政策在一定程度上为物流行业降低了税收负担,另一方面也反映了物流行业发展遭遇瓶颈,呈现出后劲不足的疲态,亟需国家政策的引导与扶持。在这样的宏观背景下,2016年9月交通运输部办公厅启动了无车承运人试点创新,通过集约化、标准化和规模化的运作来优化物流市场格局,推动货运物流行业转型升级。

无车承运人试点以及试点结束后推行的网络货运政策,利用移动互联网与物流行业深度融合,是我国推进物流供给侧改革、提高社会物流效率的重要举措。2019 年和 2020 年,物流业的发展对社会正常运转及经济起到了积极的支撑作用,2020 年物流运行实现了逆势回升,社会物流总额突破 300 万亿元,为整个国民经济的恢复发展起到了一个基础保障的作用。

表 7-3　网络货运(无车承运人)政策期间我国物流行业发展情况

年份	2017	2018	2019	2020	2021
社会物流总额/万亿	252.8	283.1	298	300.1	335.2
物流业总收入/万亿	8.8	10.1	10.3	10.5	11.9

1. 社会物流总额

社会物流总额是指第一次进入国内需求领域,产生从供应地向接受地实体流动的物品的价值总额,简称社会物流总额。

社会物流总额包括六个方面的内容:进入需求领域的农产品物流总额、工业品物流总额、进口货物物流总额、外省市调入物品物流总额、再生资源物流总额、单位与居民物品物流总额。

2. 物流业总收入

物流业总收入是指"我国全部常住单位因提供社会物流服务所取得的业务收入总额"。物流业总收入包括运输收入、保管收入两大类。

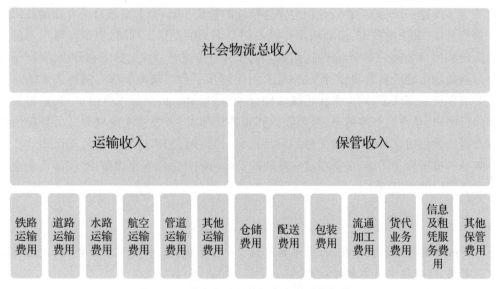

图 7-1　社会物流总收入宏观统计指标体系

小白作为网络货运平台企业，小黑作为网络货运平台运营的物流企业，小白和小黑均需要了解各自企业的成本构成，并找到符合企业情况的成本管理和优化措施。

请根据以上问题，通过下面知识点的学习，并查询相关资料，掌握网络货运企业的成本管理。

7.2.1　网络货运企业的成本构成

网络货运企业作为物流行业的关键组成部分，其运营涉及多个复杂的环节和方面，因此，成本构成也相对多样化且精细，主要可以分为技术成本、运营成本和物流成本三个大类。

1. 技术成本

随着物流行业的数字化转型不断深化，技术对于网络货运企业而言已经不仅仅是辅助工具，而是其核心竞争力所在。网络货运企业的技术成本包括从初期的软件开发、平台搭建，到中期的系统维护、功能更新，再到后期的数据安全、网络安全等多方面的投入。

为了构建一个稳定、高效且用户体验极佳的物流平台，企业需要聘请专业的技术团队进行开发，其中的薪资、培训和设备投入都是不小的开销。同时，为了保障平台的持续运营和用户数据的安全，企业还需要定期投入资金进行系统的维护和升级。《网络平台道路货物运输经营管理暂行办法》要求网络货运平台必须每年都要进行国家信息安全等级保护三级认证，因为平台可能会储存大量隐私信息，例如司机的证件、手机号码和银行账户，企业的基本信息、对公账户和资质证照，以及收货人信息等。另外还会储存大量的敏感信息，例如运输交易的商品信息、出发地、卸货地等。平台要保障这些业务数据不被窃取和泄露，必须制定一系列的安全措施并采购安全设备，这些都是企业每年需要支付的固定成本。

> **知识链接**
>
> 网络货运企业的技术投入，由于要同监管平台对接，取得轨迹、资金数据、车辆有效性的数据，所以技术成本包括：
>
> **一、自建 IT 申报**
>
> 系统搭建很耗费成本。优秀的系统构架师月成本在 3 万左右，程序员在 2 万左右；

搭建起来进入调试需要一年多的时间;系统本身还需要同外界搭建起 EDI 数据交换通道,如与电子签约系统、北斗 GPS 系统、支付结算系统、车辆审核系统等通道的搭建。早期无车承运人企业自建系统,其一年半的研发成本,已超过千万。

二、租赁 SAAS 及申报

很多中小企业无力开发系统,那就租赁 SAAS 版本。这类系统从搭建、部署、监管及税务接口对接(根据当地情况是否需要再另收费)、各类接口成熟(支付、ETC、油气、电子合同、短信等),都可满足 8 大线上功能条件,能实现企业基本业务运营等。这样的系统市场报价从 10 万到 80 万不等。

三、三方数据及技术购买

网络货运运营过程中涉及的订单必须真实,用户信息及订单轨迹等信息必须留存3 年以上,税务信息至少留存 10 年以上,所以运输动态数据、保险、电子合同、在线结算数据等信息填写必须落实到位。

四、等保三级认证及电信增值业务许可证

等保三级和系统及服务器相关联,所以在选系统时就要想好是由同一服务商代办还是分拆出来自己找等保机构,如果自己找,是否有经验和协作的团队。目前市场上等保评测机构报价各地不同,在 8 万—15 万元。电信增值业务许可证各地也有差异。

按符合网络货运企业要求的技术条件,企业投入大概在 30 万—80 万元。

2. 运营成本

网络货运企业在提供物流服务的过程中,会产生一系列与运营相关的成本。这包括人员成本,如员工的薪资、福利和培训等;市场营销成本,如广告投放、市场推广和品牌建设等;客户服务成本,如提供在线咨询、处理投诉和提供售后服务等;以及日常运营成本,如办公场地租金、水电费、办公设备和办公用品等。这些成本都是企业为了保持正常运营所必须承担的。

跟普通的物流企业相比,网络货运企业在市场营销和客户服务方面的投入有着较为明显的差别。

首先,网络货运通常更加依赖互联网和数字化技术进行营销,如社交媒体、搜索引擎优化(SEO)、内容营销等。而普通物流企业可能更多地依赖于传统的营销手段,如广告、展会、电话拜访等。因此,网络货运在营销手段与渠道上的投入成本可能会高于普通物流企业。

其次,由于网络货运具有在线平台和应用程序,能够更广泛覆盖潜在客户,并通过数据分析、精准营销等手段提高客户转化率。而普通物流企业可能需要通过更多的传统手段来获取客户,获客效率不如网络货运企业,客户的转化周期也更长,所以在获客成本上网络货运企业具备明显优势。

再次,网络货运在品牌推广和认知度建设方面可能需要投入更多的成本,以提高其

在线平台的知名度和影响力。这包括社交媒体推广、广告投放、内容创作等方面的投入。而普通物流企业可能更多地依赖于口碑传播和客户关系管理来提高品牌认知度。

最后,网络货运在提供客户服务方面可能具有更高的成本。由于网络货运涉及的业务流程相对复杂,需要提供更加专业、高效的客户服务,以确保客户满意度和忠诚度。这可能包括客服人员的培训、技术支持、售后服务等方面的投入。

3. 物流成本

作为物流行业的一部分,网络货运企业的核心业务自然是货物运输和配送。因此,物流成本是企业运营过程中不可或缺的一部分。物流成本包括运输费用、仓储费用、装卸费用以及与之相关的各种税费和保险费用等。这里重点介绍一下运输费用成本,主要包括油费、路桥费、车辆采购及保养费用、保险费和人工成本等。另外,市场交易的博弈成本也是需要考虑的因素。

(1)油费:油费是货车运输中最直接、最基本的成本之一。货车的燃油消耗量与其行驶距离、载重量、路况等因素有关。油价的波动会直接影响运输成本,因此,运输企业需要密切关注油价动态,合理规划运输路线,降低燃油消耗。

(2)路桥费:货车在运输过程中需要支付的路桥费用也是运输成本的重要组成部分。不同地区的路桥收费标准不同,运输企业需要根据实际情况选择合适的运输路线,以降低路桥费用。

(3)保养费:为了保证货车的正常运行,以及延长使用寿命,定期的保养和维护是必不可少的。保养费用包括更换零部件、维修设备等费用,这些费用也会分摊到每一次运输中。

(4)车辆采购成本:车辆采购成本是隐性固定成本的一部分,虽然不直接涉及日常运营,但车辆的采购成本会分摊到每一次运输中。因此,在选择车辆时,运输企业需要综合考虑车辆的性能、价格、维护成本等因素,以降低成本。

(5)人工成本:人工成本是运输成本的重要组成部分,包括驾驶员的工资、福利等。为了降低人工成本,运输企业可以通过提高驾驶员的工作效率、优化人员配置等方式来实现。

(6)保险费用:为了应对可能发生的意外情况,货车通常需要购买保险。保险费用与车辆价值、保险类型等因素有关,运输企业需要根据实际情况选择合适的保险方案,以降低保险费用。

(7)市场交易博弈成本:浮动成本的一部分,受到市场供需关系、竞争状况等多种因素的影响。在市场竞争激烈的情况下,运输企业需要通过合理的定价策略、提高服务质量等方式来降低市场交易博弈成本。

7.2.2　网络货运企业的成本控制与优化

网络货运企业在成本控制方面需要采取精细化的管理策略和技术手段。通过合理的技术投入、提升运营效率、优化物流管理、建立稳定的合作关系以及利用数据分析与预测等手段，企业可以有效降低成本，提高市场竞争力并实现可持续发展。

1. 精细化技术投入

为了降低技术成本，网络货运企业需要采取精细化的技术投入策略。通过明确技术需求和方向、引入先进的技术和合作伙伴、注重技术创新和用户体验优化等多方面的努力，企业可以有效降低技术成本，提升竞争力，实现可持续发展。

首先，明确技术需求和方向是精细化技术投入策略的关键。网络货运企业应深入分析市场需求和行业发展趋势，结合自身业务特点选择适合的物流技术，如物流管理软件、智能调度系统、物联网设备等。避免盲目追求高新技术，造成资源浪费和成本增加。通过精准定位，企业可以避免盲目投入和重复建设，确保每一分技术投入都能产生最大的效益。

其次，引入先进的技术和合作伙伴是降低研发成本的有效途径。网络货运企业应积极与业界领先的技术供应商和合作伙伴建立紧密的合作关系，共享资源和经验，共同研发创新技术。通过引入先进技术，企业可以快速提升自身的技术实力。例如引入云计算和大数据技术，网络货运企业可以实现数据的集中存储和处理，提高数据处理能力和效率。同时，利用大数据分析，企业可以更好地了解市场需求和业务情况，为优化运输方案和降低成本提供支持。

此外，注重技术创新和用户体验优化也是精细化技术投入策略的重要组成部分。网络货运企业应持续关注行业动态和技术发展趋势，加强技术创新，不断推出符合市场需求的新功能和服务。例如利用大数据和智能算法等技术，为企业提供最优的运输路线，减少运输时间和成本；通过对车型数据与货物的重量、体积数据的对比，合理优化配载，灵活配置公路货运资源，实现高效的物流管理和多式联运。通过提升用户对平台的满意度来增强用户黏性，降低运营成本。

2. 提升运营效率

运营效率的提升对于网络货运企业而言，无疑是降低运营成本、增强竞争力的核心要素。在快速变化的商业环境中，如何有效地管理和优化运营流程，成为企业持续发展的关键。

首先，网络货运企业需要引入先进的管理理念和方法，从而实现对传统运营模式的优化。这些先进的管理理念包括但不限于精益管理、六西格玛管理以及敏捷管理等。通过科学管理优化工作流程，减少运营中的缺陷和错误，从而提高整体运营效率。

其次，团队协作和沟通是提升运营效率的另一关键因素。一个高效的团队需要成员之间紧密合作和顺畅沟通。网络货运企业可以充分利用网络货运平台的网络协同功能，实现企业成员之间以及企业跟上下游合作伙伴之间的信息共享和信息及时传递，这样不仅能够提高工作效率，还能够减少因沟通不畅导致的资源浪费。

此外，员工培训和管理也是提升运营效率的重要手段。网络货运企业需要定期对员工进行专业技能和职业素养的培训，以提升员工的素质和工作能力。这样不仅能够保证员工在工作中的高效表现,还能够提高员工对企业的忠诚度和归属感。同时,建立科学的员工管理制度,如绩效考核、激励机制等,可以激发员工的工作热情和创新精神,进一步提高运营效率。

3. 优化物流管理

如何降低物流成本

针对物流成本的控制,网络货运企业需要采取一系列优化措施。可以着重从提高运输效率、降低油耗和排放、优化车辆管理和拓展多元化运输方式这几个方面入手。

(1)提高运输效率:通过优化运输路线、提高装载率等方式,降低单位货物的运输成本。同时,利用先进的物流技术,如智能交通系统、物联网等,提高运输效率,进一步降低成本。

(2)降低油耗和排放:采用节能环保的运输工具和技术,如新能源汽车、绿色驾驶技术等,降低油耗和排放,减少对环境的影响,同时降低运输成本。

(3)优化车辆管理:建立完善的车辆管理制度,对车辆进行定期维护和保养,确保车辆处于良好的运行状态。同时,加强对驾驶员的培训和管理,提高驾驶员的素质和工作效率。

(4)拓展多元化运输方式:根据货物的特性和运输需求,选择合适的运输方式,如公路、铁路、水路等。通过多元化运输方式的组合,降低运输成本,提高运输效率。

4. 建立长期稳定的合作关系

网络货运企业与供应商、承运商等合作伙伴建立长期稳定的合作关系也是降低成本的重要途径。通过共享资源、互利共赢的方式,企业可以降低采购成本、运输费用,同时,与合作伙伴紧密合作还可以提高物流效率和服务质量,进一步提升企业的竞争力。具体来讲,重点体现在以下几个方面。

(1)供应链整合优化:长期稳定的合作关系可以促进供应链各环节之间的深度整合。通过共享信息、协同规划,企业可以更有效地管理库存、减少库存积压和浪费,从而降低库存成本。

(2)采购成本控制:与供应商建立长期合作关系,网络货运企业可以获得更稳定的供应和更优惠的价格。通过长期协议和批量采购,企业可以降低采购成本,并减少价格波动带来的影响。

(3)运输效率提升:与承运商建立长期合作关系,有助于确保运输服务的稳定性和可靠性。这可以减少运输过程中的延误和损失,提高运输效率,从而降低运输成本。

(4)风险降低:长期合作关系有助于降低合作伙伴之间的信任风险和合作风险。通过深入了解合作伙伴的经营状况、财务状况等,企业可以更好地评估合作风险,从而制定更合理的风险应对措施,降低潜在的经营风险。

(5)协同创新与优化:长期稳定的合作关系为网络货运企业与合作伙伴提供了更多协同创新和优化的机会。通过共同研发、技术升级等方式,企业可以不断提升服务质量和效率,进一步降低经营成本。

5. 利用数据分析与预测

随着大数据技术的快速发展,越来越多的行业开始利用大数据分析和预测技术来提升自身的运营效率和竞争力,网络货运行业也不例外。那么网络货运企业该如何利用大数据分析和预测技术来降本增效呢?

首先,大数据分析和预测技术可以帮助网络货运企业更加准确地把握市场需求。通过对历史数据的分析,企业可以了解货运市场的季节性变化、地域性差异以及行业发展趋势等信息。在此基础上,企业可以预测未来的货运需求和运输路线,从而合理安排运输资源和降低运输成本。例如,在旺季来临之前,企业可以提前增加运输车辆和人员,以满足市场需求;在淡季时,则可以适当减少资源投入,避免资源浪费。

其次,大数据分析和预测技术还可以帮助企业发现潜在的成本节约点。通过对运输过程中的各个环节进行数据分析,企业可以找出成本较高的环节,进而提出针对性的优化措施。例如,在运输路线规划方面,企业可以利用大数据分析技术找出最佳的运输路径,减少不必要的绕行和空驶;在车辆调度方面,企业可以根据实时的货运需求和车辆状况,合理安排车辆的调度计划,提高车辆的利用率。

此外,大数据分析和预测技术还可以帮助网络货运企业提升服务质量和客户满意度。通过对客户的反馈和投诉进行数据分析,企业可以了解客户的需求和痛点,从而提供更加贴心和专业的服务。例如,在运输过程中遇到突发情况时,企业可以利用大数据预测技术提前预测可能出现的延误和风险,并采取相应的措施来减少损失和影响。这不仅可以提高客户的满意度和忠诚度,还可以为企业赢得更多的市场份额和口碑。

综上所述,未来,随着大数据技术的不断发展和应用范围的扩大,相信网络货运行业将会迎来更加广阔的发展空间和更加激烈的市场竞争。因此,网络货运企业需要不断加强自身的技术研发和创新能力,不断提升自身的核心竞争力和市场影响力,以应对未来市场的挑战和机遇。

任务 7.3　网络货运企业的税筹优化

工作任务 ▶▶▶▶▶▶▶▶▶▶▶

为了降低企业的税费成本,小白初步了解到网络货运企业不同于传统的运输企业,在税收方面有优惠和减免,此时小白应该从哪些方面进行税务筹划,并避免风险?

请根据以上的问题,通过下面知识点的学习,并查询相关资料,掌握网络货运企业的税筹优化。

7.3.1　税务筹划的重要性

企业进行税务筹划优化是一项非常重要的工作,有助于实现税务合规、降低税负、加强合规风险管理以及优化资金流动,为企业的可持续发展提供有力支持。

企业进行税务筹划要从多方面综合考虑,这样才能制定出最适合企业的方案。通常来讲,可以从以下几个方面入手。

(1)明确税务筹划的目标:企业首先需要明确税务筹划的目标,比如降低税负、提高资金效率、优化财务结构等。不同的目标将影响筹划策略的选择。

(2)研究税法政策:深入了解和研究相关的税法政策,包括税法的基本规定、税收优惠政策、税收减免政策等,以便找出税务筹划的空间。

(3)选择合适的纳税主体身份:根据企业的实际情况,选择合适的纳税主体身份,如一般纳税人和小规模纳税人,以充分利用不同纳税主体身份的税收优惠政策。

(4)利用税收优惠政策:充分利用国家提供的各种税收优惠政策,如研发费用加计扣除、固定资产加速折旧、高新技术企业税收优惠等,以降低企业的税负。

(5)合理安排资金流:通过合理安排企业的资金流,如选择适当的纳税时间、调整收付款时间等,有效降低企业的资金成本,提高资金的使用效率。

(6)合理安排交易结构:通过合理安排企业的交易结构,如选择适当的合同类型、调整交易价格等,降低企业的税负。

(7)提高财务管理水平:提高企业的财务管理水平,如加强财务人员的培训、完善财务管理制度等,提高企业的税务筹划能力。

(8)建立税务筹划风险防控机制:在税务筹划过程中,企业需要建立风险防控机制,以应对可能出现的税务风险,如税务处罚等。

7.3.2　网络货运税务筹划的重点

除了常规性的税务筹划需要考虑的因素外,网络货运企业也需要根据自身的经营情况和市场发展趋势,来制定合理的税务策略。网络货运作为现代化物流发展的一种新业态,它既具备道路货物运输的基本属性,又通过信息技术手段优化了传统物流模式,所以近年来获得了国家和很多地方政府的大力扶持,在有些地方可以直接享受税收优惠政策,例如增值税减免、所得税优惠等,可以帮助企业极大地降低经营成本。

网络货运企业在进行税务筹划时,重点要做好以下几方面的工作。

1. 了解税收优惠政策

企业在有意开展网络货运业务之前,应该先认真了解当地以及周边地区给予网络货运的税收优惠政策,如果企业有条件享受这些政策,会对经营大有裨益。

知识链接

以天津的东疆综合保税区为例,为了吸引网络货运企业入驻,当地政府给出了非常优惠的税收奖励政策,内容包括:

一、增值税、城市维护建设税、委托代征增值税奖励:自签订合作协议之日起,前2年按照企业此期间缴纳的增值税、城市维护建设税、委托代征增值税,东疆地方留成90%给予资金支持。后3年中,如季度增值税纳税额高于及等于2000万元,则按照企业当季度缴纳的相应税种,东疆地方留成部分90%给予资金支持;如季度增值税纳税额少于2000万元,则按照85%给予资金支持。

二、企业所得税、个人所得税(生产经营)奖励:自签订合作协议之日起,5年内按照企业在此期间缴纳的企业所得税、个人所得税(生产经营),东疆地方留成90%给予资金支持。

三、办公用房补贴:自签订合作协议之日起,3年内对企业在东疆港区租用办公用房并实际办公的,按照房屋租金和物业费80%给予补贴(租金和物业费补贴标准最高不超过2.5元/平方米/天)。每年每家企业补贴总额不超过100万元。

四、对符合西部地区鼓励类产业目录、属于高新技术企业、技术先进型服务企业的平台企业,按照相关政策规定,减按15%的税率征收企业所得税。

需要注意,每个地区的税收优惠政策并不是统一的,也不是一成不变的。建议企业在开展网络货运业务前,直接咨询相关地区的税务部门或专业税务顾问,以获取最准确和最新的税收优惠政策信息。哪怕在成为网络货运企业之后,也要密切关注国家税收政策的变化,及时调整自身的税务策略。

2. 合理规划增值税销项税额和进项税额

增值税销项税额和进项税额是增值税计算中的两个重要概念。首先我们了解销项税额、进项税额的基本概念,然后再对企业的进项和销项进行合理规划。

（1）销项税额

销项税额是指纳税人销售货物或者提供应税劳务,按照销售额和适用税率计算并

网络货运财政补贴要避免以下三大雷区

向购买方收取的增值税。简单来说,就是企业销售商品或提供服务时,向客户收取的增值税部分。在物流运输服务中,销项税额的计算通常涉及运输费用、装卸费用、仓储费用等与物流运输相关的收入。这些收入在会计上被确认为销售收入,并据此计算销项税额。

销项税额的计算方法主要有两种,具体取决于销售额或服务收费是否含税。以运输服务为例,一般纳税人适用的运输服务的增值税适用税率为9%。

如果某物流公司向货主提供运输服务,收取的运费不含税价格为5 000元,则应当向该货主收取的销项税额为:5 000×9%=450(元)。

如果运费是含税的,那么销项税额则为:5 000÷(1+9%)×9%=413(元)。

企业应合理安排销售和采购活动,以降低增值税销项税额。例如,在销售过程中,可以通过合理定价以及制定合理的促销策略等方式,提高销售额并降低销项税额。

（2）进项税额

进项税额则是指纳税人购进货物或者接受应税劳务所支付或者负担的增值税。这是企业在购买商品或接受服务时,支付给供应商的增值税部分。

物流运输服务中的增值税进项来自以下几项内容。

A. 运输设备购置:购买运输设备如货车、叉车、集装箱等所产生的增值税可以作为进项税抵扣。货车购置税的税率为10%,这个税率适用于所有货车,不论其排量大小。企业购置货车可以抵扣的增值税计算方式如下:

$$允许抵扣的进项税额=购车价格÷(1+增值税税率)×增值税税率$$

例如,如果企业购买了一辆含税价格为100万元的货车,那么可以抵扣的进项税额就是:100÷(1+13%)×13%=11.5(万元)。

这11.5万元可以作为企业的可抵扣进项税额,用于抵扣企业的销项税额。

此外,如果货车是用于生产经营或特定领域的,可能会享受免税或减半征收的优惠政策。具体的情况需要根据相关法规和规定来判断。

B. 燃油费用:物流运输服务中消耗的燃油费用,包括柴油、汽油等,其产生的增值税也可以作为进项税抵扣。燃油销售的税率通常为13%,如果一家物流企业在跑运输业务时购买了1 000元柴油,那么可以通过燃油专票抵扣的金额为:1 000÷(1+13%)×13%=115(元)。

C. 车辆维护费用:对运输设备进行日常维护和修理所产生的费用,包括更换零部件、润滑油等,这些费用的增值税也可以作为进项税抵扣。

D. 通行和过路费用:运输车辆在公路、桥梁、隧道等交通设施上缴纳的通行费和过路费,同样可以作为增值税销项税额的进项抵扣。路桥通用费的增值税率在我国一般为6%,但存在减税的情况下,其征收的税率可能降低到3%。

企业可以凭取得的通行费发票上注明的收费金额,按照下列公式计算可抵扣的进项税额:

$$桥、闸通行费可抵扣进项税额=桥、闸通行费发票上注明的金额÷(1+5%)×5%。$$

E. 人力成本：物流运输服务中的人力成本，如驾驶员、仓库管理员、调度员等的工资和福利，这些费用的增值税也可以作为进项税抵扣。如为公司聘用的正式工作人员不在此列。

F. 其他费用：运输保险以及其他附加费用，如装卸费、仓储费等，也可以作为进项税抵扣。

企业在采购商品或接受服务时，应优先选择具有增值税专用发票的供应商，以确保进项税额的合法性和可抵扣性。同时，关注供应商的纳税信用等级，选择信用较好的供应商，以降低涉税风险。

企业应合理控制进项税额的金额，避免过度采购或接受服务，导致进项税额过高，从而增加企业的税收负担。在采购过程中，应充分了解供应商的价格、税收等情况，选择性价比高的产品，以降低采购成本。

另外，企业还应建立完善的发票管理制度，确保及时取得合法的进项税发票并进行抵扣。在日常运营中，加强对发票的收集、整理、审核和保管工作，避免出现发票丢失、损坏等情况。

（3）企业增值税计算方法

在增值税的计算中，销项税额减去进项税额的差额，就是企业应缴纳的增值税。这种用进项税额抵消销项税额的做法，在纳税实务中被称为抵扣。通过这种方式，企业可以避免重复缴纳增值税，只对其增值部分进行缴税。

进项税额如何抵扣

例如某物流公司某月运输服务产生的销项税额为 100 万元，获取到的进项税额为 60 万元，增值税率为 9％，该公司应缴的增值税额为：$(100-60)×9\%=3.6$（万元）。

3. 解决实际承运人开票问题

网络货运企业在日常业务中，经常需要与大量的实际承运人合作，而这些承运人往往因为种种原因无法提供增值税专用发票。这一难题不仅给网络货运企业的财务管理带来了困扰，还可能对其税务合规性构成威胁。

为进一步优化纳税服务，提升货物运输业小规模纳税人代开增值税专用发票的便利性，国家税务总局于 2019 年下发了《国家税务总局关于开展网络平台道路货物运输企业代开增值税专用发票试点工作的通知》（税总函〔2019〕405 号），决定在全国开展网络平台道路货物运输企业代开增值税专用发票试点工作。

该文件明确规定，经过国家税务总局各省、自治区、直辖市和计划单列市税务局的批准，纳入试点的网络平台道路货物运输企业（即试点企业）可以为满足一定条件的货物运输业小规模纳税人（即会员）代开增值税专用发票，并代办相关涉税事项。这些条件包括在境内提供公路货物运输服务、取得相应的道路运输经营许可证和道路运输证、以自己的名义对外经营并办理税务登记、未做增值税专用发票票种核定，以及注册为平台会员等。此外，试点企业还需要与省级交通运输主管部门建立的网络货运信息监测系统实现有效对接，按照要求完成数据上传。

通过允许网络货运平台代司机开具增值税专用发票，这一政策有效地将个体司机纳入正规的税务体系。司机可以通过注册成为网络货运平台的会员，由平台联合税务系统为其代开运输发票。这不仅解决了司机无法提供合规发票的问题，还有助于提高整个货运行业的规范化程度。

7.3.3　网络货运税务筹划的误区

在网络货运企业的财务筹划过程中，一个常见的误区是企业过度追求低税率和政策收益而忽视了税务性。这种做法虽然在短期内可能为企业带来一定的利益，但从长远来看，却可能给企业带来更大的风险和损失。虚开增值税发票、白条入账和成本比例异常，是网络货运企业最容易产生税务违规的几大问题。

1. 虚开增值税发票

典型案例

2021年，某网络货运平台因涉嫌虚开增值税专用发票被税务部门立案调查，这起案件的虚开金额高达100亿元以上，下游受票企业超过3000家，堪称一起网络货运平台虚开发票的"巨无霸"案件，其影响之恶劣、规模之巨大，引起了社会各界的广泛关注。

A. 案件背景及概况

某网络货运平台作为知名的物流信息平台，一度以其高效、便捷的服务受到市场的青睐。然而，随着调查的深入，该平台却因涉嫌虚开增值税专用发票被税务部门盯上。虚开增值税专用发票，是指行为人为他人虚开、为自己虚开、让他人为自己虚开、介绍他人虚开增值税专用发票或者用于骗取出口退税、抵扣税款发票的行为。这种行为严重破坏了税收秩序，损害了国家的税收利益。

B. 案件特点分析

规模巨大：本案虚开金额超过100亿元，下游受票企业超过3000家，如此庞大的数字令人咋舌。这不仅显示了该平台在业界的影响力，也反映了其虚开发票的严重程度。

手法隐蔽：网络货运平台作为新兴的物流业态，其运营模式、技术手段等都具有较高的隐蔽性。这也使得税务部门在查处此类案件时面临较大的难度。

影响恶劣：该案不仅损害了国家的税收利益，也严重破坏了市场公平竞争秩序。此外，大量下游受票企业可能因涉及此案而受到牵连，进一步加剧了案件的复杂性和社会影响。

C. 案件成因剖析

利益驱使：在网络货运平台上，部分企业为追求利益最大化不惜铤而走险，通过虚开增值税专用发票等手段进行非法获利。

监管缺失：当前，针对网络货运平台的监管体系尚不完善，监管手段也相对滞后，导致部分不法分子有机可乘。

1. 企业运输费税收筹划怎么做？如何运用进项税额运输费达到税筹目标？
2. 网络货运运营风控问题

网络货运企业应该严格遵守相关法规,确保交易的真实性和合法性,避免陷入虚开增值税发票的风险。尤其是以下行为,很容易被税务机关判定为虚构交易、虚开增值税发票,可能会引发税务机关的调查和处罚。

(1)补录已完成、伪造运单:如果网络货运企业补录已完成的运单,或者伪造运单,这些行为都可能被视为虚构交易。因为真实的交易应该有真实的运单记录,而这些补录或伪造的运单并不符合实际交易情况。

(2)后补运单:虽然有些观点认为后补运单如果真实有效且符合网络货运流程,不一定构成虚开发票,但如果后补运单的行为是为了掩盖真实的交易情况,或者运单内容与真实交易不符,那么这种行为也可能被视为虚构交易。

(3)代开发票:如果网络货运企业代开发票,而并非由真实的交易方开具,那么这种行为就可能被视为虚开发票。因为发票的开具应该由真实的交易方进行,以证明交易的真实性和合法性。

(4)缺乏真实GPS轨迹:网络货运企业应该要求实际承运人实时上传车辆的GPS轨迹,并建立相应的日志记录、数据监管。如果平台的一些业务资料、日志缺失,没有运单轨迹,但平台依然结算了运费、开具了发票,就容易引起税务机关的怀疑,认为平台即使并非积极主动参与虚开,至少也具有放任的间接故意。

(5)资金回流:如果网络货运平台的资金结算方式存在问题,例如由代收人转付运费,税务机关会认为存在资金回流以虚开发票的可能。

2. 白条入账

(1)白条入账的概念

白条入账是指企业在没有获得正规票据的情况下,用一张非正式单据(即不合法的便条、白头单据)来完成相应的账务管理。它通常发生在涉及个人行为、企业零星无票行为、公司内部的无票行为和即使是大额业务行为等业务中。白条入账违反了《会计法》的规定,即企业必须按照国家统一的会计制度的规定对原始凭证进行审核,对不真实、不合法的原始凭证不予接受,并向单位负责人报告。因此,白条入账是一种不规范的财务操作方式。

物流企业,包括网络货运在内,可能会出现白条入账的情况主要是因为在实际业务操作中,一些费用支出可能无法取得正式发票或合规凭证,例如请个体司机运输货物或者请工人装卸货物,对方无法提供对应的劳务发票;又如企业为了节约成本,在不正规的加油站加油,或者找个体维修厂对车辆进行保养和维修,对方不能提供正规发票,导致这些费用支出只能以白条形式入账。

(2)关于白条入账的相关规定

2020年10月19日,国家税务总局办公厅就关于从税收政策和征管方式等方面加

《网络货运行业税务合规研究报告(2024)》

大平台经济发展支持力度的建议(对十三届全国人大三次会议第 8765 号建议的答复)给出具体答复,其中部分内容涉及网络货运行业。对于网络货运企业而言,其进项发票主要包括油票、过路费发票、司机运费发票。尤其是网络货运企业有可能会把支付给个体司机的运费,以自制凭证(白条入账)方式来进行企业所得税税前成本列支。

针对平台使用内部凭证列支成本费用的相关问题,明确指出,如果允许平台企业所有经营活动均使用内部凭证列支成本费用,在企业所得税征管上会造成平台企业与非平台企业之间的差异,不利于营造公平竞争的市场环境。特别是增值税应税项目如果均使用内部凭证作为税前扣除凭证,不利于增值税发票的规范管理,破坏了增值税抵扣链条的完整性,易引发偷漏税风险。因此,建议平台企业依法依规使用内部凭证和外部凭证列支成本费用。

根据《企业所得税税前扣除凭证管理办法》(国家税务总局公告 2018 年第 28 号)规定可知:对符合条件的小额零星支出(即白条做账)可作为税前抵扣设置了达标条件,按自然人单次 500 元确认。因此,单次超过 500 元或者 1 个月同一人多次 500 元以下的零星支出均不被税务部门认可。如果出现不被认可的白条入账,那么此部分白条则需补缴 25% 的企业所得税。

(3) 白条入账给企业造成的风险

白条入账会给网络货运企业带来多方面的风险。首先,从会计角度来看,白条入账会影响企业的成本费用确认,可能导致账目不清晰、不准确,从而影响企业的财务管理和决策。

其次,从税务角度来看,白条入账可能会引发税务风险。一方面,白条入账可能导致企业无法取得合规的税前扣除凭证,从而影响企业的所得税申报和缴纳;另一方面,如果白条入账涉及的业务存在偷漏税等违法行为,还可能面临税务部门的处罚和法律责任。

最后,白条入账还可能影响企业的信誉和声誉。如果企业频繁使用白条入账,可能会被认为存在不规范、不合规的经营管理行为,从而影响企业在行业内的形象和声誉。

因此,网络货运企业应尽量避免白条入账的情况,加强财务管理和内部控制,确保业务操作的合规性和规范性。同时,企业也应加强与供应商、司机等合作伙伴的沟通和协作,争取取得合规的发票和凭证,降低白条入账的风险。

3. 成本结构异常

一个合规经营的企业,其成本结构一定与其业务范围和经营发展相匹配,是科学、合理的。如果企业的某项成本不合常理地高于或低于一定范围,就有可能被判定为有偷税漏税嫌疑。网络货运企业容易被判定为成本结构异常的情形主要包含以下三种。

(1) 运输成本占比过高或过低

网络货运企业的主营业务是提供物流运输服务,因此,运输成本通常是其主要成本之一。物流企业的运输成本包括油费、过路费、维修费、人工费等。如果这些成本的比例不合理,例如油气成本通常不超过企业运输成本的 50%,如果这个比例过高,可能会引起税务机关的关注。过高的运输成本可能意味着企业存在虚增成本、逃税等嫌疑；而过低的运输成本则可能表明企业可能存在未足额申报收入、隐匿收入等问题。

（2）人工成本占比异常

网络货运企业的人工成本包括驾驶员薪酬、管理人员薪酬等。如果人工成本占比过高或过低，都可能表明企业存在异常。例如，过高的人工成本可能意味着企业存在虚列人员、虚增工资等逃税行为；而过低的人工成本则可能表明企业可能存在未足额支付工资、违反劳动法规等问题。

（3）其他成本项目占比异常

除了运输成本和人工成本外，网络货运企业还可能涉及其他成本项目，如租金、折旧、保险等。如果这些成本项目的占比过高或过低，也可能会引起税务部门的关注。例如，过高的租金成本可能意味着企业存在虚构租赁、逃税等嫌疑；而过低的折旧成本则可能表明企业存在未足额计提折旧、影响税收等问题。

总之，网络货运企业在税务稽查中需要关注各项成本的比例和合理性，确保各项成本真实、合法、合规，避免引起税务部门的关注和质疑。同时，企业也需要加强内部管理，规范财务核算和报表编制，提高税务合规意识和风险防范能力。

7.3.4 促进网络货运行业税务合规的工作启示

网络货运企业最容易被稽查的几点涉税风险

税务合规是网络货运行业稳健发展的关键因素。为了确保网络货运行业能够在规范、透明的环境中健康发展，网络货运企业和政府相关监管部门需要齐心协力，从制度建设、技术防范、宣传教育、风险管控、加强监管等方面来共同推动行业健康、稳定、可持续发展。

（1）建立完善的税务管理制度：企业应建立一套全面、系统的税务管理制度，明确税务管理的组织架构、职责分工、工作流程和具体要求。同时，要加强对税务管理制度的宣传和培训，确保员工对制度内容有清晰的认识和理解。

（2）提高技术防范能力：随着科技的快速发展，大数据、人工智能等技术在税务领域的应用越来越广泛。网络货运企业应积极运用这些科技手段，提高税务合规工作的效率和准确性。例如，可以利用大数据分析技术，对企业的税务数据进行实时监控和预警，及时发现潜在的税务风险；利用人工智能技术，辅助企业进行税务筹划和决策分析，提高税务管理的智能化水平。

（3）加强宣传教育：政府应通过开展税法宣传教育活动，提高企业和个人的税收法律意识，引导其自觉遵守税收法律法规。而企业也要积极与税务部门建立良好的沟通机制，及时了解税务政策和法规的变化，确保企业税务工作符合政策要求。同时还要加强与税务部门的协作，积极配合税务部门的检查和审计工作，共同维护良好的税收秩序。

（4）建立税务合规风险评估与应对机制：网络货运企业应定期对税务合规风险进行评估和分析，及时发现潜在的风险点。同时，要制定相应的应对措施和预案，确保在面临税务风险时能够及时、有效地进行应对和处理。

（5）加强监管、强化协作：政府应加强对网络货运平台的监管力度，完善相关法规制度，明确监管责任，确保各项监管措施落到实处。税务、公安、工商等部门应加强协作配合，形成合力，共同打击网络货运平台虚开发票等违法行为。

课程思政

公路货运绿色便民低碳发展政策

一、绿色政策

工业和信息化部等八部门下发《关于组织开展公共领域车辆全面电动化先行区试点工作的通知》（工信部联通装函〔2023〕23号），决定在邮政快递、城市物流配送、特定场景重型货车等公共领域开展车辆全面电动化先行区试点。2023年11月，确定北京等15个城市为此次试点城市。决定用两年时间，预计推广超过60万辆新能源汽车。

财政部、国家税务总局、工业和信息化部联合制发《关于延续和优化新能源汽车车辆购置税减免政策的公告》，新能源汽车车辆购置税减免政策将延长至2027年年底，并对以往政策进行了一些调整和优化。

国务院印发《空气质量持续改善行动计划》（国发〔2023〕24号）。再次强调，加快提升机动车清洁化水平。重点区域公共领域新增或更新公交、出租、城市物流配送、轻型环卫等车辆中，新能源汽车比例不低于80%。推动山西省、内蒙古自治区、陕西省打造清洁运输先行引领区，培育一批清洁运输企业。在火电、钢铁、煤炭、焦化、有色、水泥等行业和物流园区推广新能源中重型货车，发展零排放货运车队。

《空气质量持续改善行动计划》提出，高质量推进钢铁、水泥、焦化等重点行业及燃煤锅炉超低排放改造，对于特定领域和区域推广新能源中重型货车提出了要求。

政策点评：全面电动化先行区试点的开展，为新能源汽车全面市场化拓展和绿色低碳交通运输体系建设发挥示范带动作用。目前，国家已经开展了三批城市绿色货运配送示范工程，71个城市纳入示范范围，重点推进新能源物流车示范应用。近年来，各省市积极推动新能源物流车推广应用，出台采购奖补、运营补贴、便利通行等相关鼓励支持政策，轻型货车电动化取得积极成效。

此次先行区试点首次将特定场景重型货车纳入公共领域范围，《空气质量持续改善行动计划》明确提出在部分行业和物流园区推广新能源中重型货车，发展零排放货运车队。2022年，生态环境部发布的《减污降碳协同增效实施方案》也提出，探索开展中重型电动、燃料电池货车示范应用和商业化运营。这些政策的出台开启了零排放中重型货车在物流领域的应用推广道路。在矿山、码头等区域和钢铁、煤炭等领域，开展应用中重型电动货车。同时，结合各地纷纷建设氢能示范区，燃料电池物流车作为重要应用场景加以支持，中重型货车也是燃料电池推广具有比较优势的领域。零排放货车在2023年低迷的车市成为增长亮点之一，新能源中重型货车有望成为交通运输助力实现"双碳目标"的重要支点。

二、便民政策

2022 年底,交通运输部办公厅、国家发展改革委办公厅、财政部办公厅、农业农村部办公厅联合下发《关于进一步提升鲜活农产品运输"绿色通道"政策服务水平的通知》(交办公路〔2022〕78 号),补充完善了《鲜活农产品品种目录》,进一步细化"新鲜""深加工""整车合法"等认定尺度,并对收费站计重结果出现争议如何处理予以明确。

政策点评:"绿色通道"是一项满足人民群众基本生活需要,社会关注度较高的惠民政策。据悉,自 2005 年以来,各地有关部门大力推进鲜活农产品运输"绿色通道"建设,每年免收鲜活农产品运输车辆通行费 300 多亿元,有效降低了鲜活农产品流通成本。政策针对"绿色通道"在政策执行过程中,个别地方对鲜活农产品品种理解不一致、查验尺度把握不统一等问题进一步完善规则。在《鲜活农产品品种目录》中增补了如樱桃番茄(圣女果)、粉蕉(苹果蕉)等品种,重点解决了鲜活农产品具体品种识别问题。政策明确,享受"绿色通道"政策的二轴货车,车货总重应当不超过《行驶证》标明的总质量。运送不可拆解大型物体的低平板专用半挂车载运鲜活农产品的,不享受"绿色通道"政策,进一步统一规范了整车合法装载查验标准,对限制超限车辆运输鲜活农产品提供了法律依据。

三、低碳政策

生态环境部、工业和信息化部、商务部、海关总署和市场监管总局五部门联合发布《关于实施汽车国六排放标准有关事宜的公告》,自 2023 年 7 月 1 日起,全国范围全面实施国六排放标准 6b 阶段。

政策点评:当前,货运物流车辆全面进入国六排放时代。2023 年以来,部分地区出台国三及以下排放柴油货车淘汰工作方案,通过财政奖励补贴方式,引导企业和个体司机淘汰老旧柴油货车。广东、江苏等省市开展国三及以下排放标准柴油货车限行的管理措施,倒逼老旧柴油货车退出市场。2023 年年底,部分地区对重型柴油货车尾气排放开展排查整治,打击尾气超标排放、污染控制装置不正常运行、篡改 OBD 数据、屏蔽OBD 功能、不正常使用尿素等违法行为,遏制 OBD 造假问题。2020 年,生态环境部、交通运输部、国家市场监督管理总局于近日联合印发了《关于建立实施汽车排放检验与维护制度的通知》(环大气〔2020〕31 号),在全国部署开展加快建立实施汽车排放检验与维护制度(I/M 制度),形成汽车排放"检验—维修—复检"闭环管理,目前看在用汽车污染防治的长效机制亟待建立。

课后练习 ▶▶▶▶▶▶▶▶▶▶▶▶

一、不定项题

1. 网络货运公司向实际承运人支付运输费用应该开具(　　)。

A. 销项增值税专用发票　　　　　B. 进项增值税专用发票

C. 收据　　　　　　　　　　　　D. 不开具任何发票或凭证

参考答案

2. 网络货运公司向客户收取相关的服务报酬应该开具（　　）。

A. 销项增值税专用发票　　　　　　　B. 进项增值税专用发票

C. 收据　　　　　　　　　　　　　　D. 不开具任何发票或凭证

3. 网络货运公司开具给托运人的增值税发票，增值税税率为（　　）。

A. 3%　　　　　　B. 9%　　　　　　C. 11%　　　　　　D. 13%

4. 按照国家的相关规定，网络货运公司可以为符合条件的小规模纳税实际承运人或个体代开增值税发票，其发票税率统一为（　　）。

A. 3%　　　　　　B. 9%　　　　　　C. 11%　　　　　　D. 13%

5. 如果网络货运公司使用"白条入账"将会影响下列哪些税的缴纳？

A. 只影响增值税　　　　　　　　　　B. 没有影响

C. 只影响所得税　　　　　　　　　　D. 对增值税和所得税都有影响

6. 如某网络货运公司被认定为高新技术企业，则按（　　）税率征收所得税。

A. 17%　　　　　　B. 25%　　　　　　C. 15%　　　　　　D. 10%

7. 网络货运公司开发的网络货运平台属于公司的无形资产，无形资产每期的摊销属于（　　）成本。

A. 变动成本　　　　B. 固定成本　　　　C. 机会成本　　　　D. 沉没成本

8. 某网络货运企业为一般规模纳税人，当期进项税合计为 20 万元，销项税合计为 35 万元，在不考虑其他影响因素下，本期应缴纳的增值税为（　　）。

A. 20 万　　　　　　B. 30 万　　　　　　C. 15 万　　　　　　D. 35 万

9. 接第八题答案，在此基础上，如该期公司未发生消费税应税行为且公司位于某省会城市，则本期应缴纳的城建税为（　　）。

A. 1.05 万　　　　B. 2.1 万元　　　　C. 0.6 万元　　　　D. 计算不出结果

10. 某网络货运公司全年成本和费用支出为 100 万元，不考虑税法规定的特殊和优惠情况，理论上该公司可以抵减（　　）所得税。

A. 15 万　　　　　　B. 10 万　　　　　　C. 25 万　　　　　　D. 100 万

11. 下列各项中，属于按照"交通运输服务"计缴增值税的有（　　）。

A. 程租　　　　　　　　　　　　　　B. 期租

C. 湿租　　　　　　　　　　　　　　D. 道路通行服务

12. 下列各项中，属于按照"物流辅助服务"计缴增值税的有（　　）。

A. 无车承运服务　　　　　　　　　　B. 救助打捞服务

C. 装卸服务　　　　　　　　　　　　D. 仓储服务

13. 某网络货运公司在向其实际承运人付款时，未按照相关信息直接向实际承运人付款，而是通过第三方账户支付，则有可能被税务机关认定为（　　）。

A. 资金回流 B. 不予关注

C. 虚开发票为获得更多的抵扣额 D. 虚增成本

14. 税务部分对于白条入账从单次发生和以月为单位合计发生的数额规定为( )。

A. 单次 20 000 元(含)以下 B. 单次 500 元(含)以下

C. 一月合计为 20 000 元(含)以下 D. 一月合计为 500 元(含)

15. 网络货运企业在对其固定资产或无形资产进行折旧或摊销处理时将相应期限延长,则可以表示企业存在下列( )目的。

A. 虚增利润 B. 人为控制减少成本

C. 减缓相关资产更新速度 D. 减少利润少交所得税

二、简答题

1. 依据缴纳的增值税数额计算应纳税额的税种有哪些?

2. 企业所得税与企业收入、成本、费用的关系是什么?

3. 网络货代企业进行税务筹划时应主要考虑哪些因素?

三、计算题

1. 某网络货代公司为某重要客户运输一批货物，为维护业务关系，为这批货物运输在计费方式上采用了折扣计费。没有折扣前的不含税运费为 90 000 元，折扣额为 9 000 元，开具增值税发票时在相应的运费栏和折扣栏分别进行了填列，则此次业务增值税应开具进项发票，还是销项发票？发票填列的具体税额为多少？

2. 某网络货代公司全年发生运输服务收入为 1 200 万元，附加收入为 350 万元，营业外收入为 100 万元，包括直接成本和间接成本在内合计为 650 万元，费用发生额为 450 万元。国家为鼓励相关类型的公司发展，在国家规定的纳税额上再减征 50% 的所得税，则该企业当期应缴纳多少所得税？

3. 某网络货代公司本日发生两笔采购业务，一笔为采购办公用品不含税价 2 000 元，一笔为出差购买高铁票，票款为 1 200 元，这两笔业务增值税为多少？

四、案例题

1. 利来股份有限公司是一家运营良好,具有良好发展前景且有一定研发能力的网络货代企业,基于智能技术时代的来临,公司未雨绸缪,2023 年年初决定投入一定的资金进行相关物流智能技术的研发。具体新技术的研发分为 A、B 两项同时进行,其中 A 项目由企业自主研发,B 项目委托第三方研发。两个项目具体投入资金情况如下:

A 项目:此项目在当年投入的与新技术研发相关的直接及间接相关的费用,如科研材料费、水电费、检测费等合计为 30 万元,给科研人员支付的包括工资及相关奖励的人工成本合计为 80 万元,且所有的科研人员为专职科研,不参与公司的其他经营和管理工作。为保障科研项目的顺利进行,企业于年初购买了三台用于研发的设备,共发生相关费用 120 万元,假定所有的设备正常折旧时间为 6 年,年限到期后残值都可以忽略不计。依据国家对高新技术的相关规定,科研设备可以采用加速折旧。假定不考虑研发过程中的其他相关费用。

B 项目:考虑到新技术开发的进度、技术水平和相关配套,将 B 项目的研发委托给在同一城市的甲公司进行,当年支付给甲公司的相关费用为 100 万元。

条件 1:2023 年末,A、B 项目都依旧处于研发测试阶段,尚未正式转为利来股份有限公司的使用资产,且当年研发费用的支出未导致公司出现亏损。

条件 2:2023 年末,A、B 项目都顺利完成相关研发可以形成生产力,公司将于 2024 年正式投入使用,预计新开发的技术在未来可以正常使用 6 年。

通过以上的资料,试分别依据条件 1、条件 2 计算:

(1)利来股份有限公司 2023 年年末所有项目未完成全部开发的情况下,包括加计扣除在内的全年与研发支出有关的可抵减应纳税所得额。

(2)利来股份有限公司 2023 年年末已经完成所有项目的研发,2024 年年初将新技术投入使用后每年可以抵减应纳税所得额的摊销成本。

2. 现沿海某计划单列市为建成国家级枢纽物流中心,经国家批准设立保税园,为吸引货运和物流企业入驻,制订了如下优惠政策:

(1) 增值税自签订合作协议之日起,前4年按照企业此期间缴纳的增值税地方留成90%给予返还。后3年中,如季度增值税纳税额超过(含)2 000万元,则按照企业当季度缴纳的地方留成部分85%给予返还;如季度增值税纳税额低于2 000万元,则按照80%给予返还,返还款在15个工作日内到账。

(2) 企业所得税奖励:自签订合作协议之日起,5年内按照企业在此期间缴纳的企业所得税、地方留成90%给予返还,返还款在15个工作日内到账。

(3) 对符合西部地区鼓励类产业目录、属于高新技术企业、技术先进型服务企业的平台企业,按照相关政策规定,减按15%的税率征收企业所得税。

丰运股份有限公司是一家网络货运业界起步较早,有较雄厚技术背景,被认定为高科技企业的内地公司。公司为得到更好的发展,董事会决定将公司入驻上述保税园,入驻当年第三季度发生的相关业务数据如下所示:

(1) 本季度应缴增值税业务收入总计为2 000万元,销项税税率为9%,购置防爆叉车一台,不含税货款为35万元,燃油费为350万元,过路费用100万元,汽车维护费用20万元,代开增值税发票业务发生额为50万元,其他开具增值税发票有关的成本与费用合计为200万元(假定统一税率为17%)。

(2) 本季度公司核算出的应纳税税前利润为600万元。

假定当季度的所有税款都为当季征缴,不考虑留抵等其他干扰因素,根据以上资料请计算丰运股份有限公司第三季度享受多少增值税和所得税优惠返还?

项目 **8**

网络货运企业质量监测

学习情境

　　据交通运输部网络货运信息交互系统统计，截至 2022 年 9 月底，全国共有 2 382 家网络货运企业（含分公司），整合社会零散运力 549.3 万辆，整合驾驶员 496.9 万人；全国网络货运企业共上传运单 2 275 万单，同比增长 37.2％。截至 2023 年 9 月底，全国共有 2 937 家网络货运企业（含分公司），整合社会零散运力 728.8 万辆，整合驾驶员 602.6 万人。2023 年第三季度共上传运单 2 747 万单，同比增长 16.8％。在正式上传单据的 30 个省（区、市）和新疆生产建设兵团中，单据上传率排名前三位的依次为山西、天津、安徽；车辆资质合规率排名前三位的依次为吉林、河南、湖北；运输轨迹合规率排名前三位依次为湖北、江苏、吉林；资金支付正常率排名前三位的依次为：贵州、山东、山西。按照国家的有关规定，企业运行的相关信息需要及时上传，但是很多企业还没有做到。此外，网络货运企业如何提高服务质量也是企业需要考虑的问题。

任务 8.1 质量管理

工作任务 ▶▶▶▶▶▶▶▶▶▶

小黑作为平台合作的物流企业,需要对司机进行管理,同时需要了解货主对自己服务的评价。小黄是一个网络货运平台注册司机,在服务过程中经常会遇到各种问题,需要得到货主或物流企业的指导,此时小黑和小黄在平台上应该怎样操作?

请根据以上的问题,通过下面知识点的学习,并查询相关资料,掌握网络货运平台质量管理的操作。

8.1.1 评价管理

当运单运输完成后,司机与货主或物流企业可以互相评价。

1. 评价司机

评价司机是指运输任务完成后,司机在 APP 上操作签收,代表本次运输任务结束,这时货主或物流企业可以在对应的调度单上对司机进行评价。通过评价司机的服务质量、工作态度和专业能力等方面的表现,来反映司机的综合素质和能力水平。

从调度列表上找到需要评价的调度单,企业调度可以根据运输任务完成情况,对司机本次的运输表现打分。只有调度状态"已完成"的调度单才可以进行司机评价。

图 8 - 1 评价司机

评价司机的作用和意义主要体现在以下几个方面:第一,可以为货主或物流企业提供参考和决策依据,帮助货主或物流企业找到可靠的司机合作伙伴。第二,评价司机的结果对司机本身也具有一定的激励作用;司机希望得到好评和高分,因此会更加努力地提供优质的服务,提高自身的服务质量和工作效率。第三,评价可以促使司机不断改进和提升,从而提高整个网络货运行业的服务水平。第四,评价司机可以帮助货主或物流企业建立对司机的信任感;当司机得到大量正面评价时,货主或物流企业更愿意选择这些评价良好的司机合作,形成良好的合作关系;同时,评价也可以帮助货主或物流企业避免选择评价较差的司机,减少风险和不必要的麻烦。第五,评价司机可以促进网络货运行业的竞争和规范发展;通过评价,优秀的司机可以得到更多的机会和认可,而差劣的司机则会受到市场的淘汰;评价有助于推动整个行业向着更加规范、高效和可靠的方向发展。

2. 评价货主(物流企业)

评价货主(物流企业)是指运输任务完成后,司机根据信息准确性、支付准时性、沟通效率等方面对货主或物流企业进行评价。这种评价可以帮助其他司机了解货主或物流企业的信誉和合作态度。

图8-2　评价货主(物流企业)

评价货主或物流企业的机制的作用和意义,主要体现在以下几个方面:首先,为其他司机提供参考和选择依据;通过评价,其他司机可以了解货主或物流企业的情况,从而更好地选择合作伙伴;评价结果可以帮助司机避免与不良的货主或物流企业合作,提高工作效率和收益。其次,货主或物流企业通过司机的评价可以了解自身的不足之处,从而改进和优化与司机的沟通方式和流程。再次,有助于建立良好的合作关系;通过评价,司机可以表达对优秀货主或物流企业的认可和赞赏,进而建立稳定的合作关系。最后,可以促进整个行业的发展;通过评价,不仅可以提高货主或物流企业的管理水平,也可以推动其他企业提升自身的竞争力,这有助于形成一个良性竞争的市场环境,推动行业的健康发展。

8.1.2　投诉咨询

司机在完成运单任务后,可通过网络货运平台 APP 对派单的货主或物流企业进行投诉或者咨询,派单的货主和物流企业可通过网络货运平台页面,查看、回复来自司机的投诉咨询。

图8-3　投诉咨询

司机投诉咨询在网络货运行业中具有重要的意义和作用,主要体现在以下几个方面:

1. 解决问题和改进服务

司机投诉咨询可以帮助解决问题和改进管理方式。当司机遇到问题或面临困扰时,通过投诉咨询,可以向货主或物流企业反映问题并寻求解决方案。这有助于及时解决司机在运输任务工作中遇到的困难,改进服务质量,提升整个行业的运营效率和用户体验。

2. 维护司机权益

司机投诉咨询是司机维护自身权益的重要途径。通过投诉咨询,司机可以表达对不公平待遇、违法违规行为等问题的不满,并寻求相关方的支持和帮助。这有助于维护司机的合法权益,推动行业的规范发展。

3. 促进行业监管和规范

司机投诉咨询可以促进行业监管和规范。当司机反映问题并进行投诉时,货主或物流企业可以介入调查,并采取相应的措施进行处理。这有助于推动行业的规范发展,维护市场秩序,保障司机的合法权益。

任务 8.2 监测推送

小白的网络货运企业已经运营起来,为了符合网络货运企业运营的规范,小白公司需要将运营中的相关信息上传到上级行业管理部门,此时小白在平台上应该怎样操作?

请根据以上的问题,通过下面知识点的学习,并查询相关资料,掌握网络货运平台监测推送的操作。

8.2.1 监测系统

监测推送是网络货运企业的专属功能。根据《网络平台道路货物运输经营服务指南》的相关规定,网络货运经营者应按照《交通运输部网络货运信息交互系统接入指南》的要求,在收货人确认收货后,实时将运单数据上传至省级网络货运信息监测系统,并在结算完成后,实时将资金流水单上传至省级网络货运信息监测系统。

1. 部网络货运信息交互系统

部网络货运信息交互系统是交通运输部在国家层面上建立和运行的网络货运信息交互平台,用于实现不同省级网络货运信息监测系统之间的数据共享和交流。该系统按照《网络货运信息化监测评估指标体系》要求,以季度为周期,对各省份网络货运监测情况进行综合评估,并通过适当方式公布评估结果,旨在促进全国范围内的网络货运活动的协同和统一管理。

知识链接

网络货运信息化监测评估指标体系

一、技术合规性指标

1. 单据上传率。统计期内,正式上传运单、资金流水单、车辆和驾驶员基本信息、驾驶员位置信息共 5 个单据的企业数量与辖区内取得网络货运经营资质的企业数量之比,单位:%。

2. 驾驶员位置信息上传率。统计期内,正式上传驾驶员位置信息的企业数量与辖区内取得网络货运经营资质的企业数量之比,单位:%。

3. 单据接入正常率。

(1)运单接入正常率。统计期内,符合《部网络货运信息交互系统数据交换接口规范》(以下简称《规范》)和《部网络货运信息交互系统代码集》(以下简称《代码集》)要求的运单数量与上传至部交互系统运单总数之比,单位:%。

(2) 资金流水单接入正常率。统计期内,符合《规范》和《代码集》要求的资金流水单数量与上传至部交互系统资金流水单总数之比,单位:%。

4. 运单与位置信息单匹配率。统计期内,运单与位置信息单进行双向匹配,匹配一致的单据数量与上传至部交互系统的单据数之比,单位:%。

5. 数据逻辑正常率。统计期内,运单与资金流水单中起讫点、货物毛重、运费金额等关键数据项逻辑正常的单据数与上传至部交互系统的单据数之比,单位:%。

二、经营合规性指标

6. 车辆资质合规率。统计期内,运单中车辆信息与全国道路运政管理信息系统(以下简称运政系统)的车辆信息比对,合规(取得《道路运输证》且在有效期内、基本信息与运政系统一致)的车辆数与部交互系统统计的车辆总数之比,单位:%。

7. 驾驶员资质合规率。统计期内,运单中驾驶员信息与运政系统的驾驶员信息比对,合规(取得从业资格证且在有效期内,基本信息与运政系统一致,未被列入诚信考核"黑名单")的驾驶员数量与部交互系统统计的驾驶员总数之比,单位:%。

8. 实际承运人资质合规率。实际承运人道路运输经营许可证与运政系统相关信息比对,合规(取得《道路运输经营许可证》且在有效期内)的业户数与部交互系统统计的实际承运人业户总数之比,单位:%。

9. 超载监管正常率。统计期内,运单中货物质量与车辆核定载质量比对,未超过车辆核定载质量的运单数量与上传至部交互系统运单总数之比,单位:%。

10. 违规转包率。统计期内,委托运输的实际承运人仅有"网络货运"经营资质的运单数量与上传至部交互系统运单总数之比,单位:%。

11. 超范围经营率。统计期内,运单货物类型与实际承运人、车辆的经营范围比对,超范围经营的运单数与上传至部交互系统运单总数之比,单位:%。

12. 运单重复出现率。统计期内,车牌号、起讫地、时间、货物重量等相同或相似的运单数量与上传至部交互系统运单总数之比,单位:%。

13. 闭环监管正常率。

(1) 运输轨迹正常率。统计期内,运单起讫点信息与车辆、驾驶员位置信息比对,三方信息一致的运单数量与上传至部交互系统运单总数之比,单位:%。

(2) 资金支付正常率。

① 运单与资金流水单匹配率。统计期内,运单与资金流水单进行双向匹配,匹配一致的单据数量与上传至部交互系统单据数之比,单位:%。

② 资金流水单比对符合率。统计期内,与运单匹配一致的资金流水单和金融机构相关信息比对,合格的资金流水单数与运单匹配一致的资金流水单总数之比,单位:%。

三、能力类指标

14. 整合运力规模。统计期内,部交互系统根据各省份网络货运监测系统上传的单据,统计各省份网络货运企业整合车辆总数,单位:万辆。

15. 完成运单量。统计期内,部交互系统根据各省份网络货运监测系统上传的单据,统计各省份网络货运企业完成的运单总量,单位:万单。

16. 完成货运量。统计期内,部交互系统根据各省份网络货运监测系统上传的单据,统计各省份网络货运企业完成的货运总量,单位:万吨。

指标说明:

① 对总质量4.5吨及以下普通道路货物运输车辆不计算车辆资质合规率。

② 对使用总质量4.5吨及以下普通道路货物运输车辆的驾驶员不计算驾驶员资质合规率。

③ 对仅使用总质量4.5吨及以下普通道路货物运输车辆从事普通货运的经营业户不计算实际承运人资质合规率。

④ 总质量12吨及以下普通道路货物运输车辆运输轨迹正常率只进行运单起讫点信息与驾驶员位置信息的比对。

2. 省级网络货运信息监测系统

省级网络货运信息监测系统是省级交通运输主管部门实现与网络货运经营者信息平台、部交互系统的对接和数据传输,对接省级道路运政管理信息系统、全国道路货运车辆公共监管与服务平台,并建立与税务、保险等部门的信息共享机制,共同规范网络货运市场,提升网络货运管理水平的信息系统。省级监测系统总体架构如图:

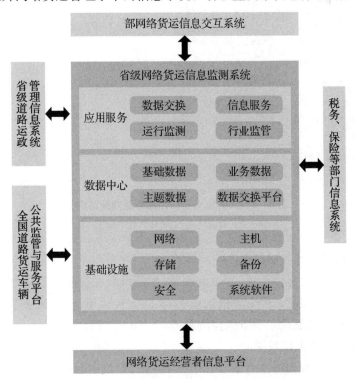

图8-4 网络货运省级监测系统总体架构

省级网络货运信息监测系统需要建设的功能包括数据交换、信息服务、运行监测、行业监管等模块，功能结构如图所示。

图 8‑5　网络货运省级监测系统功能结构

（1）数据交换

① 网络货运经营者数据接入。

为网络货运经营者提供运单、资金流水单、车辆及驾驶员基本信息、驾驶员位置信息接入接口服务。网络货运经营者根据要求，实时上传运单、资金流水单、车辆及驾驶员基本信息、驾驶员位置信息至省级监测系统。

② 向部交互系统上传数据。

省级监测系统接收到网络货运经营者上传的运单数据后，根据要求，及时上传运单、资金流水单、车辆及驾驶员基本信息、驾驶员位置信息至部交互系统。

③ 第三方平台对接。

省级监测系统建立接口，实现与省级道路运政管理信息系统、全国道路货运车辆公共监管与服务平台、税务保险信息系统的对接。

（2）信息服务。

省级监测系统通过此模块为网络货运经营者和行业主管部门提供信息查询的功能。

① 基础信息查询。

包括网络货运经营者、车辆、驾驶员信息查询。

网络货运经营者信息包括名称、统一社会信用代码、道路运输经营许可证号、法人代表、联系人、联系电话等。

车辆信息包括车辆牌照号、车牌颜色、车辆道路运输证号、车辆及能源类型、总质量、核定载质量等。

驾驶员信息包括姓名、身份证号、联系方式、从业人员资格证号、机动车驾驶证号等。

② 业务信息查询。

包括运单、资金流水单信息查询。

③ 异常信息查询。

包括网络货运经营者上传的相关单据接入异常、资质异常、车辆入网异常、运输轨迹异常、运单与资金流水单匹配异常、运单重复等查询。

（3）运行监测。

① 综合考核统计排名。

建立考核指标体系，对网络货运经营者进行综合考核统计排名。

② 业务规模统计。

包括但不限于网络货运经营者整合运力数量、完成运单数量、完成总货运量及周转量、运费总额等业务数据统计。

（4）行业监管。

① 联调测试。

省级监测系统应与网络货运申请者信息平台实现对接，并进行联调测试。

② 接入认证。

省级监测系统需对网络货运申请者提交的道路运输经营许可证进行认证，分配接入账号。

③ 报警信息提示。

省级监测系统根据监测数据设置科学合理的监测结果异常阈值，当网络货运经营者监测异常率超过阈值时，系统自动报警，并在经营者登录省级监测系统时自动提示。

④ 申诉信息上传。

网络货运经营者出现资质异常的，可通过互联网道路运输便民政务服务系统或12328交通运输服务监督电话移动客户端提出申诉，省级监测系统在资质异常出现后的30天内对资质异常信息再次比对，更新相关异常统计数据。

⑤ 报警信息跟踪处理。

县级负有道路运输监督管理职责的机构对产生报警信息的网络货运经营者进行监管,督促其及时整改。网络货运经营者应及时将整改结果上传至省级监测系统。

8.2.3 推送管理

网络货运企业依法开展业务,需要先对接省级网络货运信息监测系统来满足数据推送要求。网络货运平台企业对接其所在地本省的网络货运信息监测系统后,需要企业配置好上传参数。网络货运企业需要推送至省级网络货运信息监测系统的数据包括四类:驾驶员信息、载具信息、运单信息、资金流水单信息。

1. 驾驶员信息推送

企业通过网络货运平台"运力管理"功能模块上传驾驶员信息后,需要通过平台的"推送管理"功能模块将信息发送至省级网络货运信息监测系统。企业可以筛选出推送状态为"未推送"的驾驶员信息,检查信息的完整性后,将信息推送至省级网络货运信息监测系统。

图 8-6　网络货运驾驶员信息推送

2. 载具信息推送

企业通过网络货运平台"运力管理"功能模块上传载具信息后,需要通过平台的"推送管理"功能模块将信息发送至省级网络货运信息监测系统。企业可以筛选出推送状态为"未推送"的载具信息,检查信息的完整性后,将信息推送至省级网络货运信息监测系统。

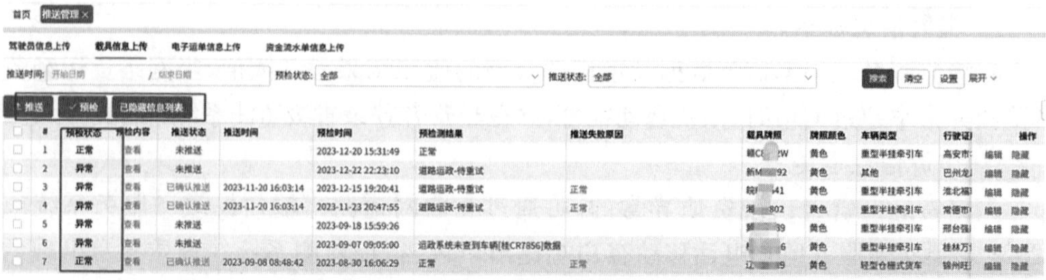

图 8-7　网络货运载具信息推送

3. 电子运单信息推送

电子运单是指利用电子技术和网络平台完成货物运输过程中的运单信息记录和传递,取代传统的纸质运单。它是网络货运信息化的重要组成部分,旨在提高货运行业的效率、减少纸质文档的使用、降低运营成本,并提供更便捷的运单管理和查询方式。

首先确认电子运单关联的司机和载具信息已完成推送上传,其次在电子运单签收后且运单复核未发现超载等问题,最后,网络货运平台系统自动将电子运单信息推送至省监测平台。电子运单要确保信息流、合同流和轨迹流保持一致。

图 8 - 8　网络货运电子运单信息推送

4. 资金流水单信息推送

资金流水单是指记录网络货运过程中涉及的资金流动情况的单据或记录,以便于货运参与方进行资金管理和核对。网络货运资金流水单的主要包括以下内容。

(1) 资金支付信息:记录货物运输过程中的资金支付情况,包括支付对象、支付金额、支付方式等。例如,承运人向发货人支付运输费用、保险费用等。

(2) 结算信息:记录货物运输过程中的结算情况,包括结算对象、结算金额、结算方式等。例如,发货人向承运人进行货款结算。

(3) 收款信息:记录货物运输过程中的收款情况,包括收款对象、收款金额、收款方式等。例如,承运人从收货人处收取货款。

(4) 时间和地点:记录资金流动发生的时间和地点,以便于核对和追溯。

资金流水单有以下作用和意义。

(1) 资金管理:通过记录和核对资金流动情况,有助于货运参与方进行资金管理和控制,确保资金的安全和合规性。

(2) 结算核对:资金流水单可以作为结算依据,参与方可以根据资金流水单核对结算金额和方式,确保结算的准确性和及时性。

(3) 纠纷解决:在货运过程中,如果发生资金纠纷,资金流水单可以作为证据进行纠纷解决和调解。

(4) 统计分析:通过对资金流水单的统计和分析,可以了解货运过程中的资金流动情况,为企业和管理部门提供决策支持。

网络货运资金流水单的使用可以提高货运参与方对资金流动情况的掌握和管理,减少资金风险,促进货运行业的规范化和透明化发展。

电子运单完成签收和支付后,企业可以筛选出推送状态为"未推送"的资金流水单,检查信息的完整性后,资金流水单将信息推送至省级网络货运信息监测系统。

图 8-9　网络货运资金流水信息推送

5. 推送常见问题

（1）推送顺序

图 8-10　网络货运信息推送顺序

因电子运单是在运单签收后由网络货运平台系统自动推送,资金流水单是在运单付完款后由网络货运平台系统自动推送,且电子运单以及资金流水单不能修改和重复推送,所以运输前首先需要确定推送上传司机和载具信息,在省监测平台检查司机和载具信息推送无异常后,再完成运单的"签收"和"付款"。

（2）推送和确认上传成功

司机和载具信息推送至省监测平台,需要对信息进行确认,此时电子运单和资金流水单信息不能自动推送,只有省监测平台确认上传成功后,电子运单和资金流水单信息才能自动推送至省监测平台。

（3）网络货运平台自动拦截

网络货运平台在推送信息时会做自检工作,若数据出现异常问题,将拦截待修改后再推送。常见的异常问题有载具总质量或核定载质量为0、载具道路运输许可证号缺失或者格式不对、运单运输质量超载、资金流水单与电子运单无法匹配等。

《道路运输安全生产治本攻坚三年行动实施方案》

> **课程思政**
>
> ### 《道路运输安全生产治本攻坚三年行动实施方案》政策解读
>
> 交通运输部、公安部、应急管理部等三部门办公厅联合印发了《道路运输安全生产

治本攻坚三年行动实施方案》(以下简称《实施方案》),针对道路交通运输安全生产领域的深层次、根源性问题,对相关重点任务进行系统性部署,推动道路交通运输安全生产形势持续稳定向好。

(1) 工作背景

习近平总书记高度重视安全生产工作,多次作出重要指示批示,强调"人民至上、生命至上",要求坚决克服麻痹思想和侥幸心理,进一步压实安全生产责任,推进安全生产风险专项整治,加强重点行业领域安全监管,从根本上消除事故隐患、从根本上解决问题。习近平总书记关于安全生产工作的系列重要指示批示响鼓重锤、语重心长,为深入实施安全生产治本攻坚三年行动提供了根本遵循、注入了强大动力。国务院安委会及办公室先后印发了《安全生产治本攻坚三年行动方案(2024—2026年)》,以及交通运输、公安和应急管理系统三年行动子方案,对有关工作进行了部署。道路运输行业市场主体散、运输体量大、运输环节社会开放程度高等特点突出,安全管理难度大,安全防范工作压力大、风险高,局部地区、个别时段险情不断、事故多发,不平衡不充分问题和不确定不稳定问题依然较多,暴露出一些地方、部门和企业单位在统筹发展和安全方面还存在一定差距,安全基础不够牢固,本质安全水平总体不高。总体看,道路运输安全生产仍处于转型升级、爬坡过坎的关键时期,是治本攻坚三年行动的重点领域。为此,需要我们聚焦当前制约道路交通运输安全生产的深层次矛盾和根源性问题,采取切实有效的人防、技防、管理防措施,在安全意识、安全技术、安全责任、安全法治、安全标准、安全机制等方面补短板、强弱项,努力从根本上消除重大事故隐患,加快道路交通运输安全生产监管向事前预防转型,实现"一个坚决遏制、三个有效降低"(坚决遏制重特大安全生产事故,有效降低安全生产事故起数、死亡人数和较大事故起数)。

(2) 主要任务

《实施方案》共提出了5个方面21条具体措施,与国务院安委会印发的治本攻坚三年行动总方案,以及交通运输、公安、应急等领域子方案相衔接,推动各地区、各有关部门和单位利用三年时间,深入开展提升交通参与者安全素养、提升营运车辆本质安全水平、落实落细企业主体责任、优化道路运输安全生产环境、健全部门协同监管工作机制等专项行动,加快推进安全生产治理体系和治理能力现代化,努力推进高质量发展和高水平安全良性互动。

① 突出靶向发力,提升交通参与者安全素养。

严格机动车驾驶员培训考试管理。加快建立健全以驾驶员安全文明驾驶水平为核心的培训考试质量评估体系,严格落实培训内容和学时要求,严把驾培考试关,积极推进驾驶培训与考试信息共享。强化营运驾驶员安全教育培训。加强对违法违规行为多发驾驶员的针对性教育培训。依托道路交通安全宣传教育基地、道路运输安全警示教育基地等,组织重点运输企业和重点驾驶员加强防御性驾驶培训。积极开展道路交通安全宣传。持续加强"安全带—生命带"宣传和道路交通安全宣传,提升老年人、农村群众安全意识。强化农村交通安全治理,统筹用好各方力量,及时劝导纠正交通违法违规行为。

② 聚焦本质安全,提升营运车辆安全技术水平。

提升新出厂客货车辆安全性能。推进修订《机动车运行安全技术条件》等技术标准,持续提升营运车辆本质安全水平。鼓励重型货运车辆出厂前安装紧急刹车辅助系统(AEBS)、全景环视系统(AVMS)、车道偏离预警系统(LDWS)等主动安全装置。鼓励发展农村客货邮融合发展适配车型。严格车辆准入退出。严格落实道路运输车辆达标车型管理制度,建立交通运输、公安部门间道路运输企业和道路运输车辆信息比对核查机制,稳妥有序推进57座以上大客车及卧铺客车退出运输市场。依法严厉打击非法改装、重型货车"百吨王"、常压液体危险货物罐车"大罐小标"等违法违规行为,积极稳妥推进超长平板半挂车和超长集装箱半挂车治理。

③ 压实主体责任,提升企业安全管理水平。

从严落实关键岗位人员安全责任。严格落实道路运输和城市客运企业"两类人员"安全考核管理办法,落实细关键岗位人员安全责任,持续提升企业安全生产条件和水平。强化重大隐患动态排查治理。督促企业对照判定标准及时开展重大事故隐患自查自纠。加大动态监控管理制度落实力度,对车辆违法违规行为多发等问题突出的企业,依法严格处理。严格落实重大事故隐患排查整改闭环管理机制,对存在重大事故隐患的企业实施挂牌督办,督促限期整改,对未按期完成整改的依法从严处罚并列为重点对象加强针对性监管。

④ 坚持多措并举,优化道路运输安全生产环境。

完善道路运输安全法治环境。加快推进修订道路交通安全法、道路运输条例,推动制定出台城市公共交通条例,制修订一批行业急需的安全生产规章制度和标准规范,加快健全完善道路交通安全地方性法规和标准建设。优化道路交通通行环境。深入推进公路安全设施和交通秩序管理精细化提升工作。持续加大超大流量、恶劣天气等突发情况下的路警联动力度,强化分类分级动态通行管控。积极营造共建共治社会环境。加大对安全行驶百万公里及以上里程营运驾驶员的宣传推介,增强职业荣誉感。鼓励行业协会、科研机构、保险企业、社会公众等积极参与道路运输安全治理,形成社会共治良好氛围。

⑤ 凝聚监管合力,提升部门间协同联动监督效能。

健全营运车辆信息共享共用机制。健全交通运输、公安部门间涵盖道路运输企业、营运车辆、驾驶员、车辆运行轨迹等信息的"总对总"共享共用机制。健全货车超限超载综合治理机制。压实地方政府和有关部门治超责任,督促货主单位、物流园区、装载企业、厂区(矿区)等按要求安装使用车辆出口称重检测设备,禁止超限超载货运车辆出场(站)上路行驶。健全危货道路运输全链条管理机制。强化危险货物托运、承运、装卸、车辆运行等危险货物道路运输全链条安全监管。严格落实危险货物道路运输电子运单制度,推进实现电子运单全覆盖。

(3) 保障措施

一分部署、九分落实。交通运输部已成立交通运输安全生产治本攻坚三年行动工作专班统筹协调、调度交通运输行业安全生产治本攻坚行动。各地、各有关单位要在当地工作专班的组织领导下,积极推动道路运输安全生产治本攻坚行动,认真研究制定并部署本地区、本企业单位实施方案,细化年度目标任务,加强定期调度、督促检查和监督考核,推动各项任务举措落地落实。《实施方案》已对目标考核、安全投入、正向激励、追责问效等工作提出了要求。交通运输部公路科学研究院将充分发挥多年来在道路交通运输安全领域研究经验和积累的技术成果,积极支持各地开展"人防、技防、管理防"措施,保障各地、各有关单位高质量完成道路交通运输领域治本攻坚行动目标任务。

来源:交通运输部公路科学研究院

课后练习 ▶▶▶▶▶▶▶▶▶▶▶

一、不定项题

1. 司机评价货主的维度有( )。

A. 信息准确性 　　 B. 支付准时性 　　 C. 沟通效率 　　 D. 服务质量

2. 货主或物流公司评价司机的维度有( )。

A. 沟通效率 　　 B. 工作态度 　　 C. 专业能力 　　 D. 服务质量

3. 投诉咨询的作用主要体现在( )。

A. 解决问题和改进服务 　　　　　 B. 维护司机权益

C. 促进行业监管和规范 　　　　　 D. 维护货主权益

4. 网络货运信息化监测需要上传的单据包括( )。

A. 运单 　　　　　　　　　　　　 B. 资金流水单

C. 车辆和驾驶员基本信息 　　　　 D. 驾驶员位置信息

5. 省级网络货运信息监测系统包括( )功能模块。

A. 数据交换 　　 B. 信息服务 　　 C. 运行监测 　　 D. 行业监管

6. 网络货运企业需要推送至省级网络货运信息监测系统的数据包括( )。

A. 驾驶员信息 　　　　　　　　　 B. 载具信息

C. 电子运单信息 　　　　　　　　 D. 资金流水单信息

7. 网络货运资金流水单的主要内容包括( )。

A. 时间和地点 　　 B. 资金支付信息 　　 C. 结算信息 　　 D. 收款信息

8. 资金支付信息主要记录( )。

A. 支付对象 　　 B. 支付金额 　　 C. 支付方式 　　 D. 支付工具

二、判断题

1. 运输过程中,货主或物流企业可以在网络货运平台上对此次运输的司机进行评价。   （   ）

2. 投诉咨询的对象是网络货运平台的货主或物流企业。   （   ）

3. 违规转包率是指统计期内,委托运输的实际承运人仅有"网络货运"经营资质的运单数量与上传至部交互系统运单总数之比。   （   ）

4. 运输轨迹即运单起讫点信息。   （   ）

5. 电子运单是指利用电子技术和网络平台完成货物运输过程中的运单信息记录和传递,可取代传统的纸质运单。   （   ）

6. 电子运单推送只需要运单关联的司机和载具信息已经完成推送上传。 （   ）

三、简答题

1. 评价司机的作用和意义。

2. 评价货主或物流企业的机制的作用和意义。

3. 简述部网络货运信息交互系统的概念和作用。

4. 简述网络货运异常信息的概念。

参考文献

1. 交通运输部办公厅关于推进改革试点加快无车承运物流创新发展的意见[R/OL].(2016 - 09 - 01)[2024 - 06 - 11].https://xxgk.mot.gov.cn/jigou/ysfws/202006/t20200623_3315300.html.

2. 交通运输部 国家税务总局关于印发《网络平台道路货物运输经营管理暂行办法》[R/OL].(2019 - 09 - 06)[2024 - 06 - 11].https://www.gov.cn/zhengce/zhengceku/2019 - 11/26/content_5455960.htm.

3. 全国道路运输标准化技术委员会.网络平台道路货物运输服务规范:JT/T 1488 - 2024[S/OL].(2024 - 04 - 02)[2024 - 06 - 11].https://jtst.mot.gov.cn/gb/search/gbDetailed? id=4fa39d70e17884d3e91126061740d878.

4. 刘澜,王琳,刘海旭.交通运输系统分析[M].3 版.四川:西南交通大学出版社,2022.

5. 严作人.运输经济学[M].2 版.北京:人民交通出版社,2009.

6. 董千里.交通运输组织学[M].北京:人民交通出版社,2008.

7. 张智光,蔡志坚,谢煜,杨加猛.管理学原理:领域、层次与过程[M].4 版.北京:清华大学出版社,2022.

8. 朱长征,朱云桦.网络货运平台[M].北京:清华大学出版社,2022.

9. 赵鲁华,张俊明.网络平台道路货运运营管理[M].四川:西南交通大学出版社,2021.